JN066023

技術士
第二次試験

農業部門
「農業農村工学」
選択科目（論文試験）
傾向と対策

第**2**版

奥平 浩［編著］

日刊工業新聞社

第2版の出版にあたって

　技術士試験はずいぶん難しくなった。農業農村工学（令和元年度の改正以前は農業土木）の合格率は平成25年度、平成26年度に15％超（対受験者比）だったものが、その後平成30年度まで11％程度で推移した後、令和元年度以降は10％かそれ以下の水準まで落ち込んでいる。同期間の建設部門の合格率は年ごとにかなり大きく変動し6％から15％の間で推移しているものの、低下傾向が認められないことと比べると特異な傾向に見える。今回、拙著の改訂版を執筆するに際して過去の問題を確認して、明らかに難易度が上がっていると感じた。過去の問題との重複を避けるために対象とする技術や工種・工法が一般的なものから、より特殊なものになっていく傾向は避けられないところだろうが、ある工種・工法に関して問う場合でも基本的事項ではなく特定の内容について詳述を求める問題が出題されるようになってきている。結果として難易度が上がり合格率が低下したのであろう。

　本書は傾向と対策をうたっているが、最近の出題傾向を見ると分析しても十分な対策が示されない、あるいは試験対策につながるほどの傾向分析が困難である、というのが正直なところである。特に本書が勧める試験対策の要諦は、解答例を数題覚えて当日は出題に合わせて適宜修正して記述する、ということだが、当日の修正作業では対応できないほど出題範囲（バリエーション）の広がりが認められる中、どこまで受験者諸氏に有益な情報を提供できるか、まったく自信が持てない。端的に言えば前著以降の出題（令和元年度から令和4年度までの4年分）に逐一解答例を用意することがどれほど受験者の助けになるのか、という疑問である。それでも本書を執筆することとしたのは、前著が制度改正後の実際の試験を待たずに改正内容を予想して執筆したため、現行制度下で読み返すと齟齬や矛盾が散見されるためである。また従前の試験制度下でも若干その傾向がみられたが、出題時点での社会情勢（とりわけ農政上の課題）を踏まえた設問に対する解答例については、状況の変化に伴いその内容が不適

切なものになっている場合がある。

　結局、第1部の試験対策については傾向分析に基づく対策という色合いを薄めたうえで簡素化した。第2部の解答例はそのまま覚えても試験対策としての応用性は希薄だという現実を踏まえて、関連する情報をまとめて解答案の形式で提示したうえで、検討過程や関連情報の出典、あるいは別案の構成方法などの解説を充実させるよう努めた。これを素材として論理を再構成し、関連情報を収集して内容の充実を図り、指定文字数に見合う解答案をご自身で準備されるようお勧めする。

　なお多くの情報は農林水産省のWEBサイトから「ホーム＞農村振興局」とたどったページの下の階層から入手したが、農林水産省のWEBサイトは前著執筆以降に大幅に改変されている。政策や事業などの項目別のバナーが充実されたが、入手したい情報が明らかな場合はリンクをたどるよりサイト内検索機能のほうが容易な場合も多いことを付言しておく。

目　次

第2版の出版にあたって

第1部　試 験 対 策 ……………………………………………… *1*

1. 技術士試験とは ……………………………………… *2*

2. 試験問題の分析 ……………………………………… *4*

3. 試験当日の答案の作成について ………………………… *7*

(1) 答案作成において意識すべき事項

  1) 記述式試験とは

  2) 合格基準について

  3) 試験官の立場を想像してみる

(2) 試験当日の対応

  1) 全体構成の検討

  2) キーワードを使っての文章構成作業

  3) 斜め読みで伝わる表現

  4) キーワードの活用

  5) 分量のコントロール

  6) 当日の時間配分

  7) 想定外の設問への対応

  8) 答案用紙への記入（当日の試験会場での注意）

  9) 試験当日に有用な備品類

4. 試験当日までの準備 …………………………………… *20*

(1) 準備作業の全体像

(2) 「覚える」という準備について

(3) 「覚える」うえでの勉強法のヒント

(4) 解答案の準備

(5) キーワードについて

(6) スケジュール

iii

5. 必須科目への対応 ……………………………………… 26
　(1) 出題傾向
　(2) 対策の方針
　(3) 解答案の構成方法
　(4) 技術者倫理について

6. 専門知識を問う問題への対応 ……………………… 32
　(1) 出題傾向　　(2) 対策の方針

7. 応用能力を問う問題への対応 ……………………… 35
　(1) 出題の傾向　　(2) 対策の方針

8. 問題解決能力及び課題遂行能力を問う問題への対応 …… 42

9. 解答例について ………………………………………… 44

10. 業務内容の詳細の作成 ……………………………… 45
　(1) 行政経験が長く現場経験に乏しい場合
　(2) 発注者としての経験を記載する場合

11. 口頭試験の準備 ……………………………………… 48

第2部　記述式問題の解答例 ………………………… 53

1. 専門知識を問う問題 ………………………………… 54
　(1) かんがい　　(2) 農業水利施設の保全管理
　(3) 水管理　　(4) 排水計画　　(5) ほ場整備
　(6) 中山間地域　(7) 農　道　　(8) ため池
　(9) 地すべり　(10) 農村環境関連　(11) その他
　(12) 令和元年度以降の問題への解答例

2. 応用能力を問う問題 ………………………………… 129

3. 問題解決能力及び課題遂行能力を問う問題 …………… 176

あとがき

第1部 試験対策

1. 技術士試験とは

　本書を手に取られている方の多くは技術士試験の受験について、その意思をすでに固めているか、あるいは受験するか否か逡巡しているような方だと思う。そのため技術士試験がどのような試験かをくどくどと説明する必要はないだろう。そう考えて試験についての網羅的な説明（例えば日程や受験地、あるいは試験時間など）についての説明は割愛した。仮に試験の内容をご存じない方であれば、（公社）日本技術士会のWEBサイトや他の部門（分野）の対策本などで申込期間や試験日などの詳細を確認することをお勧めする。

　ここでは技術士第二次試験の特徴的な点について以下の3点に絞って説明する。

　①受験者の実力を文章だけで評価する
　②答案は手書きで作成する
　③試験時間に比べて求められる文章の量が多い

　①のうち実力とは技術士試験では「資質能力（コンピテンシー）」と呼んでいるが、専門的学識（専門知識）、問題解決（能力）、マネジメント（能力）、（結果や成果を）評価（する能力）、コミュニケーション、リーダーシップ、技術者倫理、継続研さんにより構成される、技術者のいわゆる総合的な技術力と言い換えてもよいだろう。

　②については、まず手書きで文書を作成することを想像してもらいたい。あるいは実践してみてもらいたい。最近はPCのワープロソフトこそが文書作成の主たる手段である、という人が大多数ではないだろうか。簡単なメモやはがき程度の分量を手書きで書くことと、それなりにまとまった論文と呼べるような論理構成のしっかりした文章を手書きで書くことは全く異なる。事前に十分

な構成を検討し、途中の軌道修正はありえないという状態で書き始めたとしても、長い文章を書いているうちには冒頭に戻って手を入れたくなることは極めて自然なことであるが、手書きではすでに書いた部分に手を入れることはほとんど不可能である。これが技術士試験の最大の特徴であり、試験当日までの事前の十分な準備と試験当日の試験時間冒頭の入念な検討が求められる理由である。なお当日の対応と試験日までの事前の準備についてはそれぞれ後述する。

　③については部門共通（農業農村工学の場合は農業全般）の必須科目の場合は2時間で600字詰答案用紙3枚（1,800字）、選択科目については3時間30分で3題の問題について合計600字詰答案用紙6枚（3,600字）の文章を書き上げることが求められる。この分量と試験時間についても別途説明するが、結構よどみなく手を動かし続ける覚悟が必要な分量であることを承知してもらいたい。

2. 試験問題の分析

　技術士第二次試験実施大綱（令和3年12月10日）が本書を執筆時点（令和4年9月）における最新の技術士試験の概要を示す公式の文書であろう。これによれば総合技術監理部門を除く技術部門の問題は大きく3種類に分けられ、その内容は以下のとおりである。

Ⅰ　必須科目

　「技術部門」全般にわたる専門知識、応用能力、問題解決能力及び課題遂行能力に関するもの

Ⅱ　選択科目

　「選択科目」についての専門知識及び応用能力に関するもの

Ⅲ　選択科目

　「選択科目」についての問題解決能力及び課題遂行能力に関するもの

　一方、令和元年度からの実際の出題を見ると、選択科目のうちⅡについてはさらにⅡ－1とⅡ－2に分かれている。Ⅱ－2の問題文が次のような内容であることから、Ⅱ－2で応用能力を問うており、Ⅱ－1が専門知識を問う問題と考えられる。

　農業農村工学　選択科目Ⅱ－2

（1）（○○に当たり）調査、検討すべき事項とその内容について説明せよ。

（2）（○○）業務を進める手順について、（手順とその際に：手順を列挙して、それぞれの項目ごとに）留意すべき点、工夫を要する点を含めて述べよ。

（3）業務を効率的、効果的に進めるための関係者との調整方策について述べよ。

　また農業農村工学の場合、必須科目としては農業全般にわたる知識や能力が問われることとなるが、以下に整理したように必須科目の設問は選択科目Ⅲを包含する内容である。

農業農村工学　選択科目Ⅲ

(1) ○○について（○○に当たって）技術者としての立場で多面的な観点から（3つ以上の）課題を抽出し分析せよ（その内容を観点とともに示せ：それぞれの観点を明記したうえで課題の内容を示せ）。

(2) （(1) で）抽出した課題のうち最も重要と考える課題を1つ挙げ、その課題に対する複数の解決策を示せ。

(3) （(2) で提示した）解決策に共通して（すべての解決策を実行しても）新たに生じうるリスクとそれへの対策について述べよ（専門技術を踏まえた考えを示せ）。

あるいは

　　前問 (2) で提示したすべての解決策を実行して生じる波及効果と専門技術を踏まえた懸念事項への対応策を示せ。

農業部門　必須科目Ⅰ

(1) ○○について、技術者としての立場で多面的な観点から課題を（3つ以上）抽出し分析せよ（その内容を観点とともに示せ）。

(2) 抽出した課題のうち最も重要と考える課題を1つ挙げ、その課題に対する複数の解決策を示せ。

(3) 解決策に共通して新たに生じうるリスクとそれへの対策について（あなたの専門技術を踏まえて考えを）述べよ。

あるいは

　　（上記）すべての解決策を実行したうえで生じる波及効果と（あなたの）専門技術を踏まえた懸念事項への対応策を述べよ。

(4) 業務遂行において（上記事項を業務として遂行するに当たって：上記の業務遂行に当たって）必要な要件を技術者としての倫理、社会の持続可能性の観点から述べよ。

　それぞれ2題×4年分の8題の問題があるが、全く同じ文面も含めてほとんど
の設問がいわゆる異口同音の状態である。「3つの」または「3つ以上」という
数の指定がある場合とない場合があるものの、微妙な表現の違いを除けば実質
的には同じ内容が問われていることがわかる。また選択科目Ⅲと必須科目の
設問も（1）から（3）までほぼ共通であるという点と、必須科目では（4）と
して倫理や社会的持続性の観点からの論述が求められている点は注目すべきで
ある。

　設問に先立つ問題文の前段には比較的長い（3行から7行ほど）の文章が並ぶ
が、設問につながる論ずべき問題に加えて背景説明や条件設定がここで記述さ
れている。題意の要点を理解する文章読解力が求められるところである。一方、
論点のすり替えととられない程度に自分の知識や事前準備の範囲で答えられる
ように題意を解釈して対応する余地が残されているともいえる。

　なお専門知識を問う問題（選択科目Ⅱ－1）の出題傾向の分析については、
後掲の「6. 専門知識を問う問題への対応」に譲る。

3. 試験当日の答案の作成について

　本書ではまず、試験当日に試験会場で、どのように答案用紙を埋めていくかを中心に述べる。準備万端整えて、なのか、準備不足は明らかながら棄権するのは受験料がもったいないからダメ元で、なのかはいざ知らず、当日試験会場で問題が配られたら、その時点で頭の中にある知識を総動員して、試験時間いっぱいはあがいてみることになる。その際のヒントやノウハウのようなことを、まずここで、筆者の経験を踏まえて解説する。そこから試験当日に試験問題を見た瞬間から悪戦苦闘する自分の姿を思い浮かべてシミュレーションしたうえで、逆に当日の苦労を少しでも和らげるためにはどんな準備が有効かを想像することで、より効率的に準備を行ってもらおうという趣旨である。

(1) 答案作成において意識すべき事項

1) 記述式試験とは

　記述式試験は択一式試験と違って正解がない。試験官が文章を読んで、採点基準に沿って点数を付ける。マークシート方式の試験が客観テストと呼ばれるのに対して、結果が採点者の"主観"で決まる試験である。そのため自分が"何を書いたか"ではなく、採点者に"どう伝わったか"がすべてである。そういう意味では業務におけるプレゼンテーションなどと同じで、相手に正しく伝える工夫が必要である。違いは、その工夫のための手段がほぼ文章のみであるという点である。

　さらにプレゼンテーションと大きく異なるのは、情報が一方通行である点である。プレゼンテーションでは、仮に難解だったり冗長だったりして相手に正しく伝わらない場合、相手の反応を見て説明を追加するなり、質疑応答で補足するなり、双方向の情報伝達により修正・補完する機会が残されている。残念ながら記述式試験には、そのチャンスは与えられない。

7

この点はよく肝に銘じておく必要がある。

　あまたの受験参考情報が、異口同音に「文章は短く簡潔に」「箇条書きの活用」「適切な章・節と見出しの使用」などのアドバイスを行っているのも、（自分の言いたいことを）正しく伝える＝誤解を生じさせない、ための貴重なノウハウである。

　採点者に誤解を与えないという観点からは、丁寧に読む気にさせる答案に仕上げると言うことも重要である。"きれいな字"は書けなくとも"丁寧な字"を書くことを心がけることや、見出しや下線などを工夫し、読みやすい見た目となるような努力も重要である。

2）合格基準について

　合格基準は60％以上とされている。さて記述式の試験における6割の出来とは、いったいどの程度の文章が書けていればよいのだろうか。筆者は技術士試験を複数回受験し、不合格となった経験もあり、B評価（60％未満）はおろかC評価（40％未満）を受けた経験もある（これにはちょっとした訳があるのだが）ので、どの程度の出来だとBやCとなるか、自らを被験者とした貴重な経験がある。これに基づく筆者の見解では、合格基準を満たす答案のレベル（条件）は以下のとおりである。

- 題意に沿って要求されている事項を網羅した論述となっており
- 論述の内容に明らかな誤りがなく
- 論理的な飛躍や矛盾がなく
- 指定枚数（規定の分量）をおおむね満足していること

　業務で作成する文書に例えれば、社内・外で説明する企画書の完成品が90〜100％の出来を求められていると考えると、課内打合せ用のたたき台＋αのレベル（例えばブレインストーミングが済んで担当者が取りまとめた原案で、上司の赤訂が入る前のレベル）が60％、といったイメージを持ってもらえばよいと筆者は考えている。

　仮に、非常に洗練された文章であったり、非常に高度な技術論が展開されていたり、目を見張るような着想に基づく論理展開があったりした場合

には、6割以上の評価を得ることになるのであろうが、採点結果は成績として ABCの3段階でしか通知されないし、そもそも合格基準を大きく上回ったところでなんのメリットもない（口頭試験の際の試験官の好印象につながっている可能性はあるが）試験制度であるため、そんな完成度の高い名文を書こうなどと思う必要もない。

　逆にBやC評定となってしまうのは、先に列記した条件のいずれかあるいは複数が満足されていないような答案だと考える。現に筆者の不合格体験を省みると、自分の得意とする事項が選択肢になく、やむなく選んだ問題に関する専門的知識の欠如から内容が希薄であった場合や、題意に真っ向から応えず問題のすり替えに近い解答をした場合であった。

　したがって当日は前述の条件を意識しつつ、すばらしい文章でなくてもよいから欠点の少ない文章となるよう努めることが重要である。

3）試験官の立場を想像してみる

　これはあくまで筆者の憶測に基づく解説であるが、記述式の答案を採点する試験官はどのような視点や心構えで答案を採点するのかを想像してみた。採点にとって最も重要なことは、合格基準（6割）を満たしているかどうかを正しく判断することだと筆者は考える。6割の出来か8割の出来かを判定する必要はないし、不合格の答案の評価としてはBとCの2段階があるが、これもあくまで参考情報的な意味合いで、結果に影響を与えるものではないため、細心の注意を払う必要があるものでもない。

　1人の試験官がどれだけの採点を行うのか、また採点作業にどれだけの期間が与えられるのか、筆者の知るところではないが、手書きの文章を大量に読み採点する作業は、結構ストレスのかかる作業だと想像できる。そのうえ、自分の判断（採点）によって、1人の技術者の1年間の受験準備という努力が報われるかどうかという重要な決定を下すという事実も、ストレスを増す要因と思われる。こんな状況に置かれたら、少なくとも筆者であれば、採点すべき答案全部をざっと斜め読みして（スキャニング）、判断の容易な答案（明らかに合格レベルを超えているものと決して合格基準に達しているとは思えないもの）を選び出し（スクリーニング）、残った

ボーダーライン上の答案（6割以上と評価するか未満と評価するのか判断
が難しい答案）を集め、じっくり読み込む対象の分量をまず把握するだろ
う。そのうえで6割以上と評価するか未満と評価するか、という点に最大
限の注意を払って採点するため、ボーダーラインの答案をまとめて丁寧に
読み込んで、採点基準のぶれが生じないように集中的に処理しようと考え
る。

　そう考えれば一言一句を熟読せずとも2）で列記した条件を満足してい
ることが斜め読みでも伝わるような答案となるよう心がけることが、採点
者の負担を減らし採点者を味方に付ける受験テクニックと言えると思う。

（2）試験当日の対応

1）全体構成の検討

　巷の対策本や業界誌の試験対策記事などでもよく見かけるアドバイスで
あるが、問題を読んでいきなり答案用紙のマス目を埋め始めるのでなく、
落ち着いて構成を考えることが重要である。もちろん題意を理解し、解答
に盛り込む専門的情報やキーワードと背景から結論に至る論旨といった答
案の内容そのものが重要なのは言うまでもないが。

　本書で、筆者が、いきなり「構成」と強調するのは、この試験がかなり
限られた試験時間内に手書きで論述する試験であるからである。3.5秒に
1文字（3時間30分で600字×6枚）というスピードは、経験者の感覚で言
えば、書き始めたら淀みなく書き続けるペースが求められており、数文字
の誤字訂正は可能ながら、何行にもわたって消して書き直すようなことに
なれば、書き上げるのはほとんど不可能になる。一方で指定枚数にきっち
り収めるのは当然で、最後の1行まで使いきるのが理想であり、少なくと
も最後に空白がたっぷり残っているような事態を避けることも求められて
いる。

　この厳しい条件に対応するためには、盛り込むべき内容とその分量につ
いてのイメージをしっかり作り、章・節立てとそれぞれの節で書けそうな
分量を決め、書き始めてから分量を調整するチェックポイントと分量調整

のネタ（削ったり足したりできる内容）をあらかじめ準備するという、全体の構成をしっかり立てる作業が不可欠である。

2）キーワードを使っての文章構成作業

　全体の構成を立てる作業の第一歩として、キーワードを列挙することを勧める。キーワードの整理については「4. 試験当日までの準備　（5）キーワードについて」に後述しているが、与えられた設問に関連するキーワードを、思いつく限り書き出し、それを眺めて、キーワードをつないでいけばどのような文章をどの程度の分量で書けるか、を検討する。例えば設問が、あるテーマについての課題と対応策を求めている場合、書き出したキーワードをテーマの背景、課題、対策、留意点などの何に関連する内容かに応じて分類し、分類ごとにつなぎの文章を入れるとどの程度の分量になるかをおおむね把握し、全体のバランス（この場合なら課題と対応策がそれぞれ全体の1／2程度が自然な配分）を意識して、不足するところは加筆するネタを考え、全体として指定枚数を満足する見込みを確認したら、1）に述べた全体構成の準備が完成したということである。ここまで準備ができたら、いよいよ答案用紙のマス目を埋める作業に着手する。

3）斜め読みで伝わる表現

　先に採点者の立場に立てば "斜め読みでも伝わるような答案" の作成を心がけよ、といった。斜めに読んで概要が把握でき、拾い読みして具体的な内容が伝わり、詳細に通読すると細部まで理解できる、という構造は、例えば設計業務におけるわかりやすい報告書を書くうえでの最も重要な点であると筆者は考えている。報告書でこれを実現するのは、内容が大部なために容易ではない場合も多いが、技術士記述式試験のような答案用紙で3枚程度の内容であれば、パラパラと3枚の斜め読みで全体像を把握させることは、それほど難しいことではない。

　具体的には、章・節などの構成と適切な見出しの設定および箇条書きの活用と言うことに尽きる。

　章や節などの構成は、答案の全体像や論理構成を明確にすることを意識して作成する。これは報告書では目次に相当するものである。もちろん章や節のタイトル（見出し語）は、そこに続く内容を正しく反映したものでなければならない。"はじめに"や"おわりに"といった抽象的なタイトルは極力避けるべきである。章や節の階層構造も読み手にとっては貴重なインデックスになることから、番号（1. 2. や（1）（2））の付け方なども自分自身の統一したルールに沿って矛盾のないよう割り当てることが重要である。番号だけでは目立たないため下線で強調したり、括弧（【　】や〈　〉など）を付けるような工夫も、各自の趣味に応じて採用すればよい。

　箇条書きは斜め読みの際に目に飛び込んでくるので、適切に使えば効果的である。少しずるい考えかもしれないが、行末までに空白が残ることから、分量を水増しする効果も期待できる。逆に言えば、多用することで希薄な内容を膨らませて指定枚数を埋めようとしていると取られてしまったら逆効果となるので、注意が必要である。

　また箇条書きはあくまで事項を列記する際の表現方法であることに留意する。これを理解していれば、いきなり箇条書きから始まるような書き方にはならないはずであるが、どんな内容を列記するのか、答案の全体構成において、列記する事項がどういった意味を持っているか、などの簡単な説明文が、少なくとも1〜2行はあって、その後に箇条書きが続くといった使い方を心がけていただきたい。

4）キーワードの活用

　合格レベルの6割の水準を目指した文章を書くうえでポイントとなるのがキーワードである。適切なキーワードをちりばめることによる効用として、①試験官に対する受験者の専門知識についての明確なアピール、②簡潔な文章表現、③指定枚数に対する自由度の向上、が期待できる。そのため各種の技術士試験の対策では、必ずと言っていいほど事前の準備でキーワードを整理・記憶し、答案に適切に盛り込むことが指導されている。

　その効用を具体的に見ると、例えば生態系配慮に関する問題において

「ミティゲーション5原則」や「ハビタットとコリドー」といったキーワードが適切に使われている文章や、景観配慮において「視点場」や「デザインコード」といったキーワードを使って論旨が展開している文章を見れば、少なくともそれぞれのテーマについての基本的な知識を有していることを、大量の答案を読み採点することになる試験官に、手早くアピールすることができる。

　キーワードは、正しい文脈の中で適切に使われれば、その内容や背景、概念などを短い言葉で説明することになるため、簡潔な文章を書くうえでも有効である。一方で、キーワードを使いつつ、キーワードが示す内容を解説的に書き下ろすような表現を加えれば、若干なりとも分量の水増しが可能である。例えば、景観配慮における留意事項を述べる際に、「デザインコードの統一が重要で、その際に視点場を意識した検討が不可欠」といった論旨にとどまらず、デザインコードや視点場とは何かを説明したり、その重要性を解説することで論旨を補強しつつ、答案用紙の数行を埋めるといったテクニックが可能となる。このあたりの指定枚数に合わせて分量を調整することの重要性については、次に述べる。

5）分量のコントロール

　書き直しが事実上不可能な条件で、手書きで文書を作成し、指定枚数に対して過不足なく収めることは、かなり困難な要求である。そのため準備段階から文章を伸縮させる練習を積むのは当然であるが、試験当日の対応としては、1）や2）で述べた全体の構成を考える際に、どの項目をどの程度書くか、答案用紙上の配分を大まかに定め、書き始めてからも筆の進み具合に合わせて適宜書いた内容と分量のチェックを行い、過不足が生じている場合はどこでどのように調整するかを意識しながら書き続けなければいけない。指定枚数が答案用紙複数枚にわたる問題の場合、用紙1枚が分量チェックの目安としてはわかりやすいが、筆者の経験上は、もう少し細かく半ページ単位ぐらいで確認して調整をしていかないと、"最後の1行まで使いきる"ような仕上げ方にはなかなか到達しない。

　例えば専門知識を問う問題において事項の列記と特徴の解説を答案用紙1枚で解答するよう求められた場合、列記で半ページ、特徴の解説で半ページが自然でかつバランスが取れた配分である。自身の知識から列記できる事項の数が決まるが、それが半ページに満たないようであれば、箇条書きを使って行数を稼ぐなり、単純に列記するだけでなく、補足するような文章を加えるなどして、分量を調整する。

　後半部分はよりシビアな分量調整が必要になる。指定枚数を超えて書くことは許されないため、書き始めて結論まで到達しないような事態を避けつつ、理想的には最後の1行まで使いきることを目指す。具体的にはより重要で詳しい解説を書く自信のある事項を先に置いて、残り行数を見ながらしっかりと記述する。後にいくほど説明を簡潔にして行数をコントロールするが、説明の分量に差が生じても、事項ごとの重要度の差に応じた配分となっていれば、全体として違和感のない構成に仕上げることが可能である。

　他の問題も同様で、問題解決能力及び課題遂行能力を問う問題は3枚が指定枚数で、設問の構成が3つに分かれているので、それぞれに1枚を基本に、構成段階でどの内容でどの程度書けるかの見込みを立てて、書き始めたときに見込みどおりかどうかを確認しつつ、過不足が生じている場合は、以降のどこでどのように調整するかを考えながら、書き進める必要がある。

　このように指定の分量に対して過不足なく答案を作成することが求められているわけであるが、一般的に、分量（字数）不足を後で補おうとするより、前半部分で書きすぎて指定枚数を超過しそうな状態を調整するほうが、容易でありかつ仕上がり上の問題も少ない。というのも不足を補うためには、残りの部分で予定していた内容を膨らませることになり、内容が希薄になったり論旨が不明瞭になったりするおそれがある。逆に答案用紙の行数不足に陥りそうな場合は、残りの内容を少し縮めて要約したような表現とすればよいため、無駄がそぎ落とされれば内容がしまって、好印象を与える文章につながる。

　なお事前に準備した内容を忠実に再現しようとしても、（思い出せなかったり、飛ばしてしまったりして）すべてを正確に書き起こせないことは至

極当然に起こる。そのための対応として、準備段階では、当日の再現での歩留まりを見込んで、指定枚数より少し長め（1割増し程度）の解答案を用意することをお勧めする。このような趣旨から、本書では第2部に収録した解答案は必ずしも対応する問題の指定枚数を忠実に守っていない。またいくつかの対策本のように解答案をマス目を切った答案用紙の形式に整理していないのも、同様の考え方である。準備段階で用意する解答案は、あくまで整理した技術情報やキーワードをベースにした解答のイメージであって、当日は仕上がりを意識しつつも筆の進み具合と答案用紙の埋まり具合を見ながら柔軟に対応しなければいけない。そのための練習を手書きでマス目を埋めながら行うことが準備の最終段階である。

6）当日の時間配分

　試験時間は3時間30分で、専門知識と応用能力を問う問題として計3枚、問題解決能力及び課題遂行能力を問う問題として3枚の合計6枚を論述することになる。旧制度下での筆者の経験でも、1題で3枚の論述が求められる課題解決能力を問う問題のほうが当日の対応に苦労した。その理由は、①長文の問題を丁寧に読み込む必要があること、②設問がテーマにおける課題、対応策、効果とリスクといった細かな内容を指定していること、③3枚と長いため仮に書き出してから内容の軌道修正に迫られたとしても、試験時間を考えると書き直しはほとんど不可能なこと、である。①については、題意を正しくつかんで、すり替えやすれ違いのない題意に沿った解答が合格基準を満たすための最低条件のため、焦らずしっかり内容を把握するために必須である。②については、自身が精通している分野であれば困難ではないかもしれないが、特定のテーマについての課題を複数挙げたり、効果とリスクを意識して対応策を示すことは、それほど容易ではない。③については、書き始めたら一気に書き上げ、誤字訂正以外は消しゴムを使うことはない、という覚悟で進めるためには、書き始める前に構成も分量の配分もしっかり決める必要がある。

　準備の話に及んでしまうが、筆者は準備段階で指定された枚数の答案を一気に書き上げるにはどの程度の時間が必要か計っておき、それを目安に

当日の時間配分を考え、文章構成等の推敲に割ける時間がどの程度かをあらかじめ決めたうえで、その配分に沿って当日は構成の検討等を行った。逆に言えば、若干余裕を見てはいるが、書くのに必要な時間を残して、残りはすべて、書き始める前の準備に充当した。

　3種類の問題で合計6枚の答案を書き上げなければならないことから、問題ごとの時間配分と各問題における構成の検討と記述する作業との時間配分に十分な注意を払い、事前に3時間30分の制限内でどれほどの作業（構成検討と記述）が可能かのシミュレーションを入念に行う必要があるといえる。時間に追われて書き進める状態は、誤字脱字、論理の飛躍、錯誤などミスやエラーの原因になるため、適切な時間配分と時間管理を意識していただきたい。言うは易く、行うは難しであることは、百も承知のうえでのアドバイスで恐縮ではあるが。

7）想定外の設問への対応

　もし当日、問題用紙を開いた途端に目に飛び込んできた問題が、事前に準備した内容と同じであれば、そんな幸運なことはない。その瞬間に事前に準備した内容を答案用紙のマス目に埋め直すだけの試験となり、あなたが注意すべき点は誤字脱字を避けること、指定枚数に過不足なく収めることと、受験番号を間違いなく記入することぐらいである。潤沢な準備を行った人には、そんな幸運が訪れることも決して奇跡ではない。

　では、残念ながらそんな幸運が訪れなかった人、幸運を引き寄せるほど十分な準備ができなかった人はどのようにあがくのか。その場合は手持ちのネタを使い回して、なるべく題意に沿った解答を指定枚数に近くなるように膨らますことで対応することとなる。

　この場合は「6）当日の時間配分」でも述べているが、まずは検討にかけられる時間をあらかじめ決めて（他の問題や当該問題を書き上げるに要する時間を差し引いて）検討すると決めた時間を目いっぱい使って、題意に沿った関連知識を記憶の中から可能な限り絞り出したうえで、関連する

キーワード等を思いつくまま書き出す作業から入る。その後キーワードをつないで組み立てられる論理展開をひねり出す。これを材料に、なんとか合格基準を満たす答案に仕上げることを目指す。

　注意事項は2点。1点目は、想定外の問題なので欲張らず、最低限の合格水準を確保することを目指す。題意をすり替えて自分の用意した解答案に無理に引っ張るようなことは逆効果で、「3.（1）答案作成において意識すべき事項　2）合格基準について」に述べた合格基準を意識し、最大限の努力をすること。もう1点は論理構成や用意できるキーワードが不十分なまま、書き始めないこと。中途半端な準備で書き始めると、指定枚数に到達しなかったり、書き始めてから行き詰まったりすることになる。軌道修正のためにいったん書いた部分を消して書き直そうものなら、試験時間内に書き上げることはまず不可能なので、あせらずじっくり準備作業を行うことが肝要である。

8）答案用紙への記入（当日の試験会場での注意）

　当日の対応の第一歩として、試験開始の合図と同時に答案用紙に必要事項を記入することを、強く勧める。筆者がこの事務的な作業をあえて注意事項として説明するのは、答案の内容以外の必要事項の不備により失格（答案の採点自体が行われない状態）となった受験生を実際に見たことがあるからである。答案用紙に氏名を書く欄はないが、受験番号と受験する部門等を記入することが求められている。また複数の問題から選択して解答することから、どの問題を選択したかを記す欄もある。一瞥してどの問題を選択するかが決まる場合は受験番号等と一緒に問題番号も記入するほうが、ミスの発生を防ぐことになる。筆者自身の経験でも、問題の選択に悩み、複数の問題を検討した後、やおら書き始めた際に、問題番号の記入を失念し、答案用紙の提出直前の見直しで気がついて慌てて記入したことがあるが、気付かずに提出していれば、自ら「失格」を経験する羽目になっていた。

　構成の検討に熱が入り、その後、書き始めて時間に追われるような状況

になった場合などでは、実際に受験番号や問題番号などの未記入は十分に
起こりうる事態である。開始早々の時間に余裕があり冷静な時間帯に、こ
の事務的な作業を済ませておくことは、結構重要なポイントである。

9) 試験当日に有用な備品類

　筆者は平成26年度以降、実際には技術士試験を受験していないので、
最新の状況を承知していない。飲料水などの持込可能な品目とその扱い方
については（公社)日本技術士会のWEBサイト（例えば、「ホーム＞試験・
登録情報＞第二次試験＞第二次試験のよくあるご質問」、とたどって"筆記
試験に関する質問"の項）などで確認いただきたい。

　① 筆記具

　　筆記具と消しゴムについては予備も含めて複数を用意すべし。

　　筆記具は好みもあるが、先輩のアドバイスに従い、筆者は振れば芯
　が出るシャープペンシルでグリップ部がラバー製の、長時間書いてい
　ても手に負担が少ないものを愛用した。ワープロの普及に伴い、最近
　は手書きで大量の文章を書く人はあまりいないと思われる。合計3,600
　字は、かつての「技術士試験は記述士試験」と言われた時代ほど大量
　ではないものの、かなりのボリュームで、試験中にも手首の体操がし
　たくなるほどの、結構な負担である。

　　予備の筆記具は必須である。特にシャープペンシルの場合、芯が出
　ないなどの不具合が起こると、ただでさえ短い解答時間を圧迫し、あ
　せりは思考の妨げやミスにつながることから、1本と言わず2、3本の
　予備を携行することをお勧めする。筆者の場合、1本は製図用の芯を
　挟んで使うタイプとしていた。字が太くなるデメリットはあるが、
　壊れる危険性が少なく、芯を削る必要も無く、予備の2番手との位置
　づけである。

　② 定規

　　最近の問題では答案に図表を挿入するような場面はあまりないかも

しれないが、手書きの文章にメリハリを付けて、試験官が読みやすくするため、項目や見出し、キーワードに下線を引くといった工夫があり、そのためには定規があれば重宝する。

③　時計

　受験票の注記書きなどに、携帯電話等を時計代わりに使用することは禁止と明記されているので、普段時計を身につけない習慣のある人は注意が必要である。構成を検討する時間と実際に答案を書く時間の適切な配分を図るうえで、経過時間を意識して作業を進めるためには必須アイテムである。

4. 試験当日までの準備

　これまでの内容により試験当日の会場での悪戦苦闘の様子を想像してもらったうえで、その日に至る準備の方法について簡単に触れる。具体的な準備については、後掲の問題ごとの出題傾向と対策のポイント、解答例といった内容を参考に、各自、試験当日まででどのようにすべきか、自身の置かれている環境や性格と好みなどに応じて適宜アレンジしながら実施していただきたい。

（1）準備作業の全体像

　「3. 試験当日の答案の作成について」に触れた内容をもとに当日の様子を想像してもらえば、自ずと準備の内容は想像できると考えるが、技術士試験記述式への対応は大きく2つ、①キーワードを中心に当該分野の関連情報を整理・記憶し、さまざまな設問に対応できる基礎知識のレベルを高めること（知識の引き出しを増やすイメージであり、これが資質能力における専門的学識の基礎である）と、②想定したさまざまな問題に対応できる解答案を作成し記憶すること、と考える。当日はこの準備した内容をもとに、設問に応じたアレンジを加えて、題意に沿った答案を作成することになる。この①と②のどちらに比重を置くかは、あくまで個人の能力や好みの問題であり、どちらが適切な方法かといった質問には正解はない。

　日頃から文章作成に精通し、その能力に長けている人は、①の方法で準備を進めて、直前に答案用紙に向かって何題かの解答案を書いてみるだけで十分だろうし、筆者のようにゼロベースで文章を書き上げる自信がない者は、①をベースに②の解答案のバリエーションを増やして、可能な限り「覚える」といった準備が不可欠であろう。

(2)「覚える」という準備について

　かつて「技術士試験は記述士試験」と言われていたことがあった（平成12年度以前は1万2千字、平成18年度以前は9千字と択一式問題をそれぞれ7時間で解答）。経験論文と呼ばれる自身が技術的な工夫により解決した事例を論文にまとめる問題があり、これが試験全体の合否の大宗を占めた時代である。経験論文は試験時間と文字数の関係から、ほとんど構成等を考える余裕は無く、開始と同時に延々と書き続けなければいけないのが実態で、そのため経験論文については事前に準備した内容を丸暗記して、当日はそれをただひたすら答案用紙のマス目に落とし込む作業が求められた。このような試験形式が技術士という資格に足る経験・知識・能力等の有無を計るにふさわしいかどうかは大いに議論のあるところであるが、このような苦行を突破したことの証として技術士は今とは異なる困難さを伴った資格であった。

　現行制度では設問の形式も出題の傾向も異なるため、丸暗記した解答案をひたすら書き続けるという対応は不可能である。そこで出題傾向の分析をもとに、事前の準備を効率的に進めるための情報を、本書としては整理したつもりである。

　しかし試験準備として事前に整理した内容を理解しているだけでは、やはり試験時間内にそれなりの分量の文章を書くことは容易ではない。そこで筆者が行った対策は、やはり覚えることであった。

　ただし丸暗記ではない。一言一句を丸暗記しても、出題が想定と異なった場合は有効でない。そこで題意に沿った流れとそれを肉づけする細部をテーマごとに1つは解答案の形に仕上げたうえで、その内容を一とおり暗記して、さらに少し出題が異なった場合を想定し、論旨の流れの途中から枝分かれさせるようなイメージで、いくつかのバリエーションを準備し、つなぎの文章の工夫でつながるように微修正する練習を行った。

　もちろん解答案やバリエーションの作成に当たっては前述の方法でキーワードを活用することになる。

　結局この方法はキーワードの整理・記憶だけで試験に臨んだ場合に当日起こる事態を、事前にかつ大量にシミュレーションすることでさまざまな設問へ準

備することに他ならず、試験当日は事前に準備したものの中から実際の問題に
最も近いものを使って解答しようとすることになる。

(3)「覚える」うえでの勉強法のヒント

とはいえ、大学受験のときのような、若くて柔軟な頭と旺盛な好奇心を持っていた頃とは違い、受験者の大半は記憶力よりも応用力で勝負する世代だと思われる。覚えるということはかなりの苦行であろう。そこでお勧めは、準備した解答案をICレコーダなどに吹き込み、通勤途中に延々と聞いて、耳から覚えるという方法である。細部まで完璧に覚えようとすれば、耳学問では不十分で、やはり王道は書いて覚える、ということになるだろうが、書く作業はそのための時間と場所を確保する必要があり、手も痛くなって明らかにハードルが高く、あまりお勧めではない。耳から聞いてだいたいの流れを覚え、週末に答案用紙のマス目を埋めながら、覚えきれていないところを確認する、という作業を繰り返せば、結構頭に入るものである。

(4) 解答案の準備

解答案は一言一句、忠実に再現できるように正確に記憶することが求められているわけではない。「3. 試験当日の答案の作成について」でも解説したとおり、当日書き上げる答案は6割の合格基準を満たせば良い訳だし、当日の出題が想定どおりでない限りは、用意した解答案をアレンジして題意に沿った解答案を作成することになるからである。そのため準備として求められていることは、さまざまなアレンジにより異なる設問に答えるためのベースとなる論旨の基本的な流れと必要なキーワードおよび文章全体におけるキーワードの位置づけをしっかり頭に入れることである。

書いてみる練習の中で、試験時間内に指定枚数を少し上回る程度の文章が書けるようであれば、記憶する作業としては十分なレベルだといえる。

その意味では解答案の文章としての完成度（論旨や内容）を上げることは、あまり意味がないように思われるが、この点については逆にある程度の完成度を確保することが必要である。ベースになる解答案に対するアレンジと記憶した内容を引き出す作業における歩留まりを見込むと、8〜9割の出来（レベル）

の解答案を用意しておかないと、当日の答案は6割のレベルには仕上がらないと考えるべきである。準備段階を通して解答案の再考を繰り返し、この完成度を高める作業こそが、試験対策の核心と理解していただきたい。

(5) キーワードについて

「3. 試験当日の答案の作成について」でキーワードは文章構成を考えるうえでのきっかけであり、かつ斜め読みして伝わる答案を書くうえでも、分量の調節のうえでもキーワードは重要であり重宝すると述べた。しかしこの説明は少し不十分な面もあるので、改めてキーワードについて解説する。

筆者は本書の中でキーワードという用語を、実は2つの異なる意味で使っている。1つは受験者と採点者をつなぐ共通の言語であり、受験者が当該テーマに関する基礎知識を備えていることを、端的な言葉で素早く採点者に伝えるツールとして機能する専門用語である。もう1つは受験者が文章を書き進めるうえで、全体の流れを構成し、書き進める作業のチェックポイント（マイルストーン）となるような、基本事項である。どちらの用途であっても、結局のところ、同じ単語が当該テーマに対するキーワード群を構成することになるのだが、それらの専門用語などをどのように使おうとしているかでキーワードという言葉が説明する概念が少し異なってくる。

例えばストックマネジメントについて論じようとすれば、背景としては我が国の農業水利資産の現状について言及することになり、資産価値や耐用年数を迎えた施設の割合といった事項をキーワードとして押さえておくことが必須である。そのうえでストックマネジメントの内容に論を進めるならば、従前の建設→管理→全面改築といった流れとの対比の中で、施設の機能を診断・評価し、劣化を予測しつつ、適切な対策を適時的確に行っていくというストックマネジメントの内容に触れることになるが、この論理展開上、不可欠な用語がキーワードであり、これらをきちんと記憶していれば、自ずと答案の構成作業が進んでいく。

(6) スケジュール

初めて技術士試験に挑戦する人は、どの時期にどの程度の準備を進めていけ

ばよいか、そのペース配分や進捗の管理を不安に思うであろうから、筆者の経験をもとに大まかなスケジュール観を示す。

　またこのスケジュールは受験申込みの受付が開始される4月をスタートとして設定している。もちろんそれより早く（場合によっては残念ながら不合格に終わった前年度の挑戦が終わった直後から）スタートをきることも考えられるが、それだけの覚悟で臨むには相当のエネルギーを要すると考え、このような設定としている。

【4月】

- まずは受験申込みを早めに済ませること。これにより覚悟を決めてしっかり準備のスタートをきる。
- 「業務内容の詳細」については後述しているが、受験申込み時に作成する「業務内容の詳細」は技術士試験の第一歩であり、口頭試験につながる解答の一部を成すことから、じっくり時間をかけて準備する必要がある。
- 並行して準備作業に着手するが、この段階では技術的テーマごとのキーワードを収集整理する。

【5月】

- キーワードの整理を継続しつつ、理解し記憶する作業に着手。
- キーワードを盛り込みつつ、過年度の出題から設問を想定し、解答案を作成。

【6月】

- 解答案のバリエーションを増やしながら、想定する出題の範囲を広げ、さまざまな出題に対応できる引き出しを増やす。
- 準備した解答案を頭に入れる（流れを記憶する）作業と、頭に詰め込んだ内容をスムーズに文字にできるかどうかを確認する作業を並行して行う。
- うまく文章にならない場合には、覚える作業や書く作業の反復練習などを行う。どうしてもうまく文章にならないときは、用意した解答案の構成が自分の考えに沿っていないことも考えられるため、解答案の再考も検討する必要がある。

【7月】

- 過年度の出題を参考に問題を設定し、時間を計りつつ答案用紙のマス目に手書きで書いていく作業を行う準備の仕上げの段階。

- 設定する問題は、すでに解答案を準備した問題に加えて、問題文に変化をつけて、準備した内容から少し外れた問題への対応も練習する。

- この過程で、準備した解答案を想定外の問題に適合させる修正作業がスムーズに行えるかの確認、構成や内容の検討作業と書き上げる作業との時間配分、書けない漢字の確認、手書きでどの程度の疲労を感じるかなど、試験当日の状況を可能な限り再現し、当日の状況を想像し、準備不足な点を確認し、準備の完成度を上げる。

5. 必須科目への対応

(1) 出題傾向

　必須科目では農業分野の中でもいわゆる農政に関する時事問題に属する問題が出題されているが、過年度の各問題を見ると、1問は農業農村の振興というまさに農業農村工学分野の問題で、もう1問が生産流通などのいわゆる産業としての農業の振興を課題としている。食料農業農村基本法が①食料の安定供給の確保、②多面的機能の発揮、③農業の持続的発展、④農村の振興の4つを挙げていることを考えると、これらを必須科目の2つの問題でカバーしようとしていると考えられる。

　令和元年度
　　Ⅰ-1　食料の生産供給体制の改革
　　Ⅰ-2　農業の技術的発展や農村の振興
　令和2年度
　　Ⅰ-1　生産流通現場の技術革新
　　Ⅰ-2　目指すべき農業農村実現に向けた農業農村整備
　令和3年度
　　Ⅰ-1　農業や食品産業の成長産業化のための技術革新
　　Ⅰ-2　農業農村の振興対策
　令和4年度
　　Ⅰ-1　食料・農林水産業の生産性向上と持続性の両立
　　Ⅰ-2　農業の持続的な発展と農村の振興を併せて進めていくための対策

(2) 対策の方針

　本書は選択科目「農業農村工学」を対象とした試験対策であるが、受験者は
当然ながら必須科目としての「農業部門」の問題にも解答する必要がある。
また「2. 試験問題の分析」で述べたように必須科目の設問は選択科目のうち
「問題解決能力及び課題遂行能力に関するもの」（Ⅲ）の設問を包含している。
そのため選択科目Ⅲの解答例のバリエーションと位置づけて、必須科目の問題
についても一部の解答例を後掲した。

　受験者諸氏は必須科目については農業農村工学系の、農業や農村の振興に関
連した問題を想定して準備を進められるであろう。不幸にして準備した内容が
実際の問題にそぐわず、次善の策として産業政策的観点からの問題に答える場
合の対応について、令和元年度の問題を例として、以下に解説する。なお必須
科目は「1. 技術士試験とは」で述べたように2時間で1,800字と選択科目より
は幾分時間的に余裕がある。そのため問題文を見ながら論理展開を構成すると
いう作業にある程度の時間をかけることも可能だろうから、ここで述べるよう
な「題意を読み込んで解答案を絞り出す」という対応についても怠らずに準備
を進めていただきたい。

令和元年度　農業部門　必須科目

Ⅰ－1　我が国の食料の安定供給については、世界及び我が国における人口
　　　動態、耕地面積の推移、気候変動、食生活の変化、技術革新などを考慮し、
　　　多面的な観点から我が国の農業の振興、強化を図ることが重要である。
　　　　以上の基本的な考えに関して以下の問いに答えよ。
　（1）需要構造等の変化に対応した生産・供給体制の改革について、技術者
　　　　としての立場で多面的な観点から課題を抽出し分析せよ。
　（2）抽出した課題のうち最も重要と考える課題を1つ挙げ、その課題に対
　　　　する複数の解決策を示せ。
　（3）解決策に共通して新たに生じるリスクとそれへの対策について述べ
　　　　よ。
　（4）業務遂行において必要な要件を技術者としての倫理、社会の持続可能

性の観点から述べよ。

　まず設問を順を追って見ると、(1) 多面的な観点から課題の抽出分析→ (2) 課題のうち1つを対象→ (2) 複数の解決策→ (3) 解決策のリスク→ (3) リスクの対策、という流れで各設問が関連している。解答案の論理構成を考えるうえで (1) から (3) に向かってアイデアを出していこうとすることは、少なくとも試験対策上は得策ではない。(2) に「最も重要と考える課題」という指定があるが、ここは必ずしも題意に真っ正直に答える必要はない。「解決策とそのリスク及び対策」をまとめて考えて最もスムーズに論理展開が可能だと思われるものを「(最も重要な) 課題」として挙げることとし、さらにそれ以外の課題を探し出して設問 (1) の対応とする。

　「複数の解決策」と「解決策に共通して新たに生じうるリスク」という設問 (2) から (3) の展開は少し注意が必要である。多様な解決策を提示すると共通して生じるリスクを設定しづらくなるであろうから、(2) で示す複数の解決策は分野や方向性が共通の解決策をバリエーションをつけて複数示す、という対応が以降の解答の展開を容易にするテクニックといえる。

　設問 (4) は (1) から (3) とは全く異質の設問で、独立した設問といえる。令和元年度の試験問題を初めて見たとき筆者は「ここで倫理を問うのか！」と思ったものだ。というのも前著で筆者は「技術者倫理は口頭試験で評価しようとしている」と解説していた。前著が必須科目についてほとんど触れていないことを考えると、この解説も一概に誤りとは言えないが、それにしても前著の内容に沿って準備を進められた方は意表を突かれ、苦労されたことが想像に難くない。この設問 (4) への対応については技術士倫理綱領を意識して解答する必要があることは言うまでもない。

(3) 解答案の構成方法

　問題文前半に「人口動態、耕地面積の推移、気候変動、食生活の変化、技術革新などを考慮」とある。この問題ではこれが抽出すべき課題の背景や前提条件である。設問 (1) の冒頭にある「需要構造等の変化」との関係を整理すると、次のようになる。

- 人口動態とは例えば我が国における人口の減少が食料消費の減少につながっていること
- 耕地面積の推移としては我が国の耕地面積が改廃により減少していること
- 食生活の変化としては例えば米の消費量の減少、肉や油脂類の消費量の増加、国内市場に流通する品目の多様化

などが想起される。

　これらの情勢の変化の結果として需要構造が変化している、と考えれば変革すべき生産・供給体制が少し明確になってくるだろう。なおこれらの情勢変化を語るうえで、米消費量の増減や耕地面積などの主要な指標について具体的な数値をちりばめられると、答案としてはより高評価が期待できるものとなろう。

　なお前文では「世界及び我が国における」とある。世界の情勢を見ると人口は増加傾向であるし、耕地面積の推移も我が国の傾向とは必ずしも一致しない。世界の情勢を対象とすれば、解決策として食料安全保障や食料貿易の問題、さらには多国間の経済連携枠組など、検討すべき範囲はより多様になる。このような展開を選択するか否かは、ご自身の知識や力量に応じて適宜判断いただければよい。

　さて「需要構造等の変化」を答案構成上のキーワードをつなぎながら、もう少し掘り下げると、

- 少子高齢化の進展で人口が減少し食料消費量は減
- 同時に農業従事者の高齢化が深刻な問題
- 条件不利地を中心に耕作放棄が進展
- 高齢化と耕作放棄で食料供給力の減少が予見される
- 気候変動からは、短期的には気象災害による農産物被害の増と長期的には産地（適地）の変化

という風に分解すると、社会経済的側面から自然環境的側面まで踏まえた多様な課題につながる前提条件が整理できる。

　これらを踏まえた課題として、

- 将来にわたる農業の担い手確保

- 条件不利地での耕作放棄対策を通じた農地面積の確保
- 食生活の変化に対応できる生産体制
- 災害に強い生産体制

といったものが課題として用意できる。

　農業農村工学分野の技術者としては、例えば条件不利地対策を「最も重要な課題」として設定することで、選択科目における中山間地域対策として準備した解答案や関連知識を活用できるようになる。

　このような思考過程により作成した解答案を後掲したので、答案としての仕上がりを確認のうえ、参考にしていただきたい。

　ここではあえて農業農村工学としては少し対応が難しい問題を農業農村工学としての準備内容に引き込むような論理構成を例示した。農村の振興を主題とした問題の場合は、これほど強引にご自身の準備内容に引き込むようなことなく答案が作成できると思うが、題意に沿って設問ごとの解答すべきポイントをどう整理し構成していくか、という点では同じような思考過程で対応できるので参考にしていただきたい。

（4）技術者倫理について

　設問（4）の解答に当たって参考とすべき内容として技術士倫理綱領の全文を以下に引用する。

技術士倫理綱領

平成23年3月17日理事会変更承認

【前文】

　技術士は、科学技術が社会や環境に重大な影響を与えることを十分に認識し、業務の履行を通して持続可能な社会の実現に貢献する。

　技術士は、その使命を全うするため、技術士としての品位の向上に努め、技術の研鑽に励み、国際的な視野に立ってこの倫理綱領を遵守し、公正・誠実に行動する。

【基本綱領】

（公衆の利益の優先）

　1. 技術士は、公衆の安全、健康及び福利を最優先に考慮する。

（持続可能性の確保）

　2. 技術士は、地球環境の保全等、将来世代にわたる社会の持続可能性の確
　　保に努める。

（有能性の重視）

　3. 技術士は、自分の力量が及ぶ範囲の業務を行い、確信のない業務には携
　　わらない。

（真実性の確保）

　4. 技術士は、報告、説明又は発表を、客観的でかつ事実に基づいた情報を
　　用いて行う。

（公正かつ誠実な履行）

　5. 技術士は、公正な分析と判断に基づき、託された業務を誠実に履行する。

（秘密の保持）

　6. 技術士は、業務上知り得た秘密を、正当な理由がなく他に漏らしたり、
　　転用したりしない。

（信用の保持）

　7. 技術士は、品位を保持し、欺瞞的な行為、不当な報酬の授受等、信用を
　　失うような行為をしない。

（相互の協力）

　8. 技術士は、相互に信頼し、相手の立場を尊重して協力するように努める。

（法規の遵守等）

　9. 技術士は、業務の対象となる地域の法規を遵守し、文化的価値を尊重す
　　る。

（継続研鑽）

　10. 技術士は、常に専門技術の力量並びに技術と社会が接する領域の知識を
　　高めるとともに、人材育成に努める。

6. 専門知識を問う問題への対応

（1）出題傾向

　令和元年度からの現行の試験制度への変更に先立ち、その変更を予想しつつ執筆した前著では「専門知識を問う問題は制度改正による試験方法に『変更なし』とされていることから、出題の傾向やその対策は基本的には改正前の試験と同様に行えばよいと考えられる。」と書いた。この予想は半分当たったと言えるが、全く従前どおりとは言えない変更が加えられている。

　明らかな変更点は4題の問題のうち1題を選ぶ形式となったことである。従前の4題中2題では異なる複数の工種や技術体系を選んで解答することが求められていたが、これに比べれば準備の負担はかなり軽減されたといえる。

　農業農村工学にかかる基礎的な技術や工法についての説明や留意点を求めるという点については平成30年度以前の傾向を引き継いでいる。ただし令和元年度以降の問題では「○○以上挙げて」のように最低数の指定がある問題が増えていることには、少々留意する必要がある。

　一方、対象となる技術や工法に関して、「農村環境の一部を農業土木に取り込んで農業農村工学として再編した」という令和元年度の制度改正を踏まえて、前著においては従来の農村環境における出題傾向のうち、農業農村工学として扱われそうな問題の傾向を分析していた。この点については過去4年間の出題が扱うテーマ（技術や工法）を以下に整理した。

　改正初年度の令和元年度には、旧農村環境系の出題が2題を占めたが、翌年は1題に減り、令和3年度は0（ゼロ）、令和4年度には再び1題が出題された。制度改正直後は選択科目の統合・再編を強く意識したが、やはり農業農村工学分野の技術士たるにふさわしい技術力を測るために問うべきテーマを吟味したということだろう。バランスを考えると農村環境系1題というのが適当と感じるところである。

令和元年度

　地すべり対策工法、農用地の排水計画、農村整備における環境配慮、
　景観配慮

令和2年度

　ファームポンドの計画、頭首工の設計、コンクリート開水路の補修工法、
　工事における環境配慮

令和3年度

　パイプラインの機構、頭首工の耐震性能、大区画ほ場整備、
　地すべりの要因と応急対策

令和4年度

　コンクリート構造物の劣化メカニズム、
　フィルダムの安全性確認のための計測項目、
　小水力発電の意義や検討事項など、ため池が形成する環境と改修時の配慮

　専門知識を問う問題の特性上、最近の技術動向や計画設計技術の進化を踏ま
えた出題が予想できる。例えば令和3年6月にパイプラインに関する設計基準
が改定されたこと、令和4年5月に農地地すべり防止対策の計画基準が制定さ
れたことや、本項執筆時点（令和4年6月）で頭首工に関する設計基準の改定
作業が進められていることが反映されているように見える。

（2）対策の方針

　専門知識を問う問題は制度改正以前から大きく変わっていないため、第2部
の解答例については前著の内容を再録し、従来の解答例のうち令和元年度以降
の問題に対応可能なものについてはその対応関係を示した。そのうえで対応す
る解答例がない出題については解答例を新たに準備した。

　また具体的な対策の方針としては、前著でも述べたように、この問題は最も
事前準備が有効である。例えば『農業土木標準用語事典』や『農業農村工学ハ
ンドブック』をベースに分野ごとのキーワードやその意味・内容などを整理し、
自分の言葉で600字にまとめる作業を行えば、試験対策になる。ハンドブック
の内容を再構成した『資格試験のための農業農村工学必携』はコンパクトに整

理されており、技術士試験の参考資料として十分な情報が掲載されている。

　一方、農政の課題や施策・技術の動向に対応しようとした場合、これらの著作物では十分でない場合も想定される。その場合はWEB検索を駆使して各種の基準・手引き・マニュアル類などを積極的に参照するよう努めていただきたい。特に基準類の改定は技術士試験の問題に反映される傾向があることから、農林水産省のWEBサイトなどを通じて最新の状況を把握しておく必要がある。

　解答案の解説にも記したが、「ホーム＞農村振興局＞土地改良事業計画設計基準　計画」あるいは「＞土地改良事業計画設計基準　設計」には改定された基準類が掲載されている。さらに「ホーム＞農村振興局＞審議会＞農業農村振興整備部会」とたどると改定が進められている基準類の情報の入手が可能である（WEBサイトのたどり方はWEBサイトの変更により変わることがあります）。

　加えてストックマネジメントについては第2部の該当する節に関連する手引きなどを整理してあるので、併せて参照いただきたい。

　具体的な対策としては、これらの情報をもとに農業農村工学として代表的な分野ごとに基本情報を整理し、整理した情報に沿って設問のポイントを若干変えたテーマごとの想定問に対する解答案をいくつか用意すれば、十分な準備となる。解答案の準備に当たっては、基本的な内容を300〜400字（指定枚数の1/2〜2/3程度）で述べ、200〜300字（1/3程度）を使って補足的に留意事項などを述べるような構成を心がけると、題意に沿った自然な構成となる。さらにバリエーションとして基本的な内容だけで制限字数（600字）程度となるような解答案も用意しておくことで、基本事項と留意点を問う場合や基本事項の少し丁寧な説明が求められている場合など多様な出題形式に柔軟に対応できることとなる。

　この準備した材料をもとに、「3. 試験当日の答案の作成について」を参考に試験当日をイメージしつつ、「4. 試験当日までの準備」に示した内容を活用して準備を進めていただきたい。

7. 応用能力を問う問題への対応

　専門知識を問う問題は、農業農村工学を構成する技術や工種等についての内容と留意点等を問う形式の設問であり、技術等の基礎的内容についての正しい知識を備えていれば（記憶していれば）対応が可能である（これは、出題の趣旨からして当然である）。一方、応用能力を問う問題では、当然ながら記憶した知識（情報）をそのまま記述するだけでは対応できない要求が設定されている。これらの問題に対応するためには、農業農村工学に関する広範で正確な知識をもとに、題意に沿って的確に自らの考えをまとめることが求められている。

　試験当日に答案を書き上げるに当たっての事前準備という観点で言えば、自らの知識を活用してさまざまな設定に対応できる柔軟な論述能力を用意するということになる。このための準備を効率的に進めるための参考情報として、過年度の出題傾向と対策の方針を以下に示す。

（1）出題の傾向

　平成30年度までの6年間に選択科目：農業土木として出題されたものに加え令和元年度から選択科目：農業農村工学として出題された応用能力を問う問題の出題テーマと設問の要旨を表1.1にまとめた。本書では全文の掲載を見送ったが、（公社）日本技術士会のWEBサイトには問題の全文が掲載されている。「ホーム＞試験・登録情報＞過去問題（第二次試験）＞12　農業部門」とたどればPDF形式で閲覧・保存が可能である。是非ともご自身で全文を確認していただきたい。

　応用能力を問う問題の特徴としては「担当責任者として」あるいはそれに類する文言（条件）が付されている点が挙げられる。これが専門知識を問う問題との大きな相違点である。過年度からの出題傾向の変遷としては、平成27年度までは比較的長文の問題でテーマに対する背景説明や前提条件が示されていた

表1.1 応用能力を問う問題の出題テーマと設問要旨

	出題テーマと条件	設問
平成25年度	自らが経験した農業地域における農業生産基盤の整備	現状、状況の変化、課題 整備の内容と期待される効果 計画・実施の手順 留意点
	中山間地域の活性化のための農業農村整備 〈条件〉傾斜地の未整備水田、耕作放棄地の増加、集落道、集落排水施設整備が不十分	課題 対策 手順・手法 留意点
平成26年度	農業生産基盤の整備計画 〈条件〉30 a 区画整備済み、水稲作主体、低平地帯、土地利用型農業の生産性向上を図る	調査の着眼点 作業手順 留意点
	中山間地域の総合的な農業農村整備計画 〈条件〉担い手減少・高齢化進行した農山村地域、生産基盤の保全に懸念、生活基盤の整備が不十分	検討すべき事項 計画策定手順・手法 留意点
平成27年度	ため池改修の必要性の判定 〈条件〉複数のため池が地域に点在	調査すべき内容 留意点 優先順位の判定手順
	用水計画の策定 〈条件〉開水路で送配水、30 a 区画整備済で一部は大区画化等、兼業農家主体、営農形態の変化	かんがい用水の変動要因と調査事項 策定手順 留意点
平成28年度	幹線水路の耐震補強 〈条件〉コンクリート三面張り、山麓部から市街地を経て流下、水路橋と暗渠含む	耐震性能確保の検討のための基本事項 耐震診断の手順 留意点
	かんがい地区の水利施設の機能保全計画	基本的考え方 策定手順 留意点
平成29年度	排水事業計画の策定	調査項目・検討事項 策定手順 留意点
	ため池の改修設計業務	基本的な考え方 設計手順 留意点
平成30年度	水田の大区画化	調査事項 策定手順 留意点
	農業用パイプラインの機能保全計画	機能と性能指標 策定手順 留意点

表1.1　応用能力を問う問題の出題テーマと設問要旨（つづき）

	出題テーマと条件	設　問
令和元年度	開水路のパイプライン化の計画策定	調査検討事項 業務手順と留意点・工夫すべき点 関係者との調整方策
	ため池の耐震性能照査	調査検討事項 業務手順と留意点・工夫すべき点 関係者との調整方策
令和2年度	30a区画ほ場の再整備計画	調査検討事項 業務手順と留意点・工夫すべき点 関係者との調整方策
	ため池の改修設計	調査検討事項 業務手順と留意点・工夫すべき点 関係者との調整方策
令和3年度	ため池の機能診断	調査検討事項 業務手順と留意点・工夫すべき点 関係者との調整方策
	パイプラインの機能保全計画	調査検討事項 業務手順と留意点・工夫すべき点 関係者との調整方策
令和4年度	更新事業における用水量の見直し	調査検討事項 業務手順と留意点・工夫すべき点 関係者との調整方策
	機能保全計画策定のための機能診断	調査検討事項 業務手順と留意点・工夫すべき点 関係者との調整方策

が、平成28年度からは問題文が幾分簡素化されている。題意に沿った解答を心がけるうえでは、前提条件等の制約が多いほうが題意に沿わない内容となるリスクが高いので、問題文が短くなったことで少し難易度が下がったと言えるかもしれない。

　一方、設問については令和元年度以降の3年度分、全6題がすべて以下の表現で統一されている。また令和4年度の2題では（2）の設問の表現が少々異なるが、手順と留意点／工夫を要する点を問うており実質的には同じ設問である。

(1) 調査・検討すべき事項とその内容について説明せよ。

(2) 業務を進める手順について留意すべき点、工夫を要する点を含めて述べよ。

(3) 業務を効率的、効果的に進めるための関係者との調整方策について述べよ。

　このうち（1）と（2）については若干の表現の違いはあるものの、基本的には平成30年度以前の出題とおおむね同様の内容を問うており、解答例についても若干の修正は必要だろうが、十分活用が可能である。

　これに対し（3）は「関係者との調整方策」という新たな視点での論述が求められている。現行の試験制度下で一貫して同じ設問が用意されていることを考えると、この設問についての準備を怠ることは許されないだろう。ただし「関係者との調整方策」といういわば業務遂行上の普遍的な課題であることから、問題のテーマごとに異なる内容を記述する必要はなく、一つの一般論的な解答案を用意し、題意に応じて適宜修正することで十分な対応となるであろう。

　（3）の一般論的な解答案を実際の答案の分量を意識して300字程度（全体量の1/3を少し下回る程度）にまとめてみたので参考にしていただきたい。

　　策定した計画を実施することで関係者にはさまざまな利害が発生する。そのため計画策定の業務はその実施過程でさまざまな利害調整が発生し結果的に効率的な遂行が阻害されることも多く、多様な関係者の多くの妥協の結果が効果的な計画につながらないことも懸念される。そのため業務着手後の早い段階で関係者のさまざまな意見を聞き取り、共通点と相違点を明確にしたうえで実施方針を定めることが有効な調整方策である。関係者が一堂に会しての意見交換が可能であれば、より有効であるし、意見聴取と並行してゴールイメージ（業務成果としての計画の概要）を関係者で共有できるまでの議論を深められれば、最良の調整方策であろう。（292字）

　次に出題テーマを整理して表1.2にとりまとめた。整理に当たっては、「第2部　1.専門知識を問う問題」の解答例に付した分類（分野）に準拠した

が、これは「専門知識を問う問題の解答例をベースに、基本事項に加えて手順や留意点を追加することで応用能力を問う問題に対応する」ことを意識したものである。

表1.2 応用能力を問う問題の出題テーマの分類

分　　野	出題年（問題番号）
かんがい（用水計画）	H27　Ⅱ－2－2　R4　Ⅱ－2－1
パイプライン	R元　Ⅱ－2－1　R3　Ⅱ－2－2※
保全管理（ストックマネジメント）	H28　Ⅱ－2－2　H30　Ⅱ－2－2 R3　Ⅱ－2－1※　R3　Ⅱ－2－2※ R4　Ⅱ－2－2
排水計画	H29　Ⅱ－2－1
ほ場整備	（H26　Ⅱ－2－1）　H30　Ⅱ－2－1 R2　Ⅱ－2－1
中山間地域	H25　Ⅱ－2－2　H26　Ⅱ－2－2
ため池	H27　Ⅱ－2－1　H29　Ⅱ－2－2 R元　Ⅱ－2－2※　R2　Ⅱ－2－2 R3　Ⅱ－2－1※
耐震対策	H28　Ⅱ－2－1　R元　Ⅱ－2－2※

※は複合的な題意のため重複して整理したもの

なお平成26年度の#1は農業生産基盤全般の整備を出題テーマとしているが便宜的にほ場整備に分類した。

また平成25年度の#1は異質の出題ということで表には記していない。

(2) 対策の方針

出題のテーマは農業農村工学を網羅する広範なものであるが、問われている事項についてはほぼ毎年同じ内容で、設計や計画の策定における基本的考えと手順や手法、さらには留意点を問うものである。実際の業務でも、「複数の案をメリット／デメリット等により比較検討したうえで、実施に当たってはどのような手順で、何に留意するか」といった思考は日常的に行うことであるが、これを記述式試験として課して、答案用紙に表現させることを通じて、技術士としてふさわしい資質能力を測ろうというものである。

　表1.2はこれまでの19題（平成25年度の1題を除いたため）をテーマ別に分類し、取りまとめたものであるが、令和元年度以降は例えばため池の耐震対策のように、複数のテーマを組み合わせて設問とした出題が散見される。複数テーマを重複で計上すると22題となる。農政上の課題としての重要度が出題数に反映されているようで保全管理とため池を扱った出題の多さが目につく。また3年連続ため池をテーマとした問題が出されたことも注目に値する。

　前著の中でも「例えば平成30年には大規模な災害が多数発生したが、その中でもため池の被災が耳目を集めたことから、ため池の防災は令和元年度の出題候補、ストックマネジメントは農業農村整備の大きな潮流の一つなので今後とも出題可能性が大」と書いたが、ため池についての問題がここまで続くとは予想外であった。また令和3年度の問題は2問ともストックマネジメントをテーマとしている。「喫緊の農政の主要課題からの出題を想定する」とした前著のアドバイスがかなり的を射たものであったことに安堵したところである。

　では今後の対策は、といえば、前著の内容を踏襲し、次の2つの方針を改めてアドバイスとする。
- 喫緊の農政の主要課題からの出題を想定する
　　想定に際しては農林水産省のWEBサイトから「ホーム＞農村振興局」とたどると農業農村工学に関連する農政上の各種施策を紹介するページが閲覧できる。このページは農村振興に係る施策を網羅しており、なかなか絞り込みが困難だが、注目情報や報道発表として掲載されている項目から、最近の主要施策と思われるものを絞り込み、それぞれの関連ページに下って、基準や指針類の改定や中長期的計画の発表などを中心に参考資料を探ることをお勧めする。さらに「ホーム＞農村振興局＞農業農村整備事業について」、とたどると工種別などに分類されたページをたどれるので、参考資料の検索には便利である。ぜひとも閲覧のうえ、ご活用いただきたい。

● 自身の得意分野での対応範囲を広げる

　　自身のこれまでの業務経験から精通している分野の場合、実体験に基づき記述に厚みを持たせることが可能となろうから、得意分野でさまざまな設問パターンを想定して、解答案のバリエーションを増やすことが対策として有効

　いずれにしても、どちらかの出題が事前に準備した内容に近いものとなることを期待するためには、少なくとも3つぐらいの異なる分野できっちりとした解答案を用意し、さらに異なる設問パターンへの対応のためのバリエーションをそれぞれ2〜3パターンは用意しておけば十分な準備となるであろう。

　また具体的な対策は、すでに述べた内容を繰り返すが、専門知識を問う問題の解答案として整理した基本事項（手法、目的・効果、考え方、定義など）をベースに、それぞれのテーマが応用能力を問う問題として出題された場合に備えて、計画・設計の手順と留意事項等に関する自身の考えについても論じられるように、答案用紙1枚（600字）で専門知識を問う問題への解答となり、2枚目の600字で応用能力を問う問題の設問形式に対応するような準備をお勧めする。

8. 問題解決能力及び課題遂行能力を問う 問題への対応

　選択科目Ⅲとして出題される問題解決能力及び課題遂行能力を問う問題の対応については、前著の内容が残念ながら不十分であったことは否めない。前著を頼りに特に令和元年度の試験に向けて準備された方には、前著の分析不足と筆者の力不足をお詫びしたい。

　さて令和元年度からの実際の出題を見ると、設問自体は「2.　試験問題の分析」で述べたように、必須科目の問題から（4）の技術者倫理等に関する設問を除いたものと共通である。

　したがって問題文を読み込み、（1）から（3）の設問に答えるための論理の組立方については、「5.　必須科目への対応　（3）解答案の構成方法」を参照いただきたい。

　また「7.　応用能力を問う問題への対応」の最後に専門知識を問う問題の解答案として用意したものを転用できるような準備をアドバイスの一つとしたが、この問題解決能力及び課題遂行能力を問う問題についても応用能力を問う問題の解答案が転用できるような準備をお勧めする。これが効率的な試験対策となるばかりでなく、個別の技術や知識を土台に、それを計画策定や関係者調整などの実務に応用し、さらにリスク対策にまでつなぐことは、まさに技術士としてふさわしい資質能力そのものだといえる。

　応用能力を問う問題と問題解決能力及び課題遂行能力を問う問題のそれぞれの設問は次のとおりである。

	応用能力	問題解決能力／課題遂行能力
(1)	調査・検討すべき事項と内容	業務実施上の課題
(2)	業務手順と留意点、工夫を要する点	課題に対する複数の解決策
(3)	関係者との調整方策	解決策のリスクとその対策

与えられたテーマによらず普遍的・一般的な関係を論じることは困難だが、2種類の問題の各設問を並べると、応用能力を問う問題の業務手順上の留意点を異なる角度から眺めることで、問題解決能力及び課題遂行能力を問う問題において業務実施上の課題となるような工夫を試みる。

同様に工夫を要する点の視点を変えて、解決策として整理し直すことを検討する。

なお問題解決能力及び課題遂行能力としてのこれまでの出題のテーマを以下に整理した。

令和元年度

農業水利施設の機能保全、

大規模土地利用型農業の展開のためのほ場整備計画策定

令和2年度

農業水利施設の更新計画、排水ポンプ場の更新計画

令和3年度

水利システムの再構築、環境に配慮した農地整備

令和4年度

水田農業の構造改革に向けた農地整備、農村における防災・減災対策

9. 解答例について

　第2部には解答例を掲載している。「4. 試験当日までの準備」にも記載したが、分析した出題傾向を意識しつつ、整理した情報をもとに、出題を想定して解答案を複数準備することが試験対策の基本となる。参考となる文献をいくつか示してはいるが、そうはいっても何もないところから解答案を書き上げることは決して容易な作業ではない。読者の負担を少しは軽減できるかと考え、過年度の出題から想定した設問に対していくつかの解答例を用意した。これをベースに自分の考えを盛り込んだり、文体を違和感のないように修正したり、さらには別の想定問への改変を行ったりすることで、少しは効率的に準備が進められるであろうから、有効に活用いただきたい。

10. 業務内容の詳細の作成

　平成25年度の試験制度改正で、従来の技術的体験論文が廃止され、技術士としての業務経歴は口頭試験で確認することとなった。そのための基本情報としては受験申込時に提出する「業務内容の詳細」が使われることとされている。そのため巷の受験対策は異口同音に「業務内容の詳細」が技術士試験の第一歩であり非常に重要であると指摘している。本書では「業務内容の詳細」における一般的な留意事項はこれらの対策本などに譲ることとし、少し視点を変えたヒントをここに記す。以下の内容が該当する方は、一般的な「業務内容の詳細」の書き方に加えて、この内容も受験申込みの際に参考として活用いただきたい。

　本書は大学等での専攻分野を活かして技術系の職に就いている方を読者と想定して執筆しているが、勤務先によって業務経験はかなり多様だと考えられる。農業農村工学系の技術者を勤務先により大別すると、①調査・計画・設計などを主たる業務とするコンサルタント系技術者、②工事を担当する建設会社等の施工系技術者、③国および地方公務員として工事・設計業務の発注・監督に従事する発注者系技術者、④国家公務員などの一部にみられる調査・計画から政策立案等を主たる業務とする技術系行政官に分類できる。このうち①や②に該当する受験者は、この章を参照する必要はなく、一般的な受験対策の内容に留意して業務内容の詳細をまとめ、受験申込みをすればよい。特に②の場合は巷にあふれている建設部門の各種情報が最も有効に活用できる人たちであろうし、そもそも②に該当する者が農業農村工学の技術士を取得しようとする場合は、それほど多くないとも考えられる。

　業務経歴を書くうえで悩ましいのは、3年程度で異動し、異動のたびに異なる種類の業務に従事することが多い、③や④の技術系の公務員の場合である。

特に中央省庁での勤務機会が多い④の類型の公務員の場合は、キャリアパスの中で事業や工事に直接関与する機会が絶対量として限られていることもあり、技術士としてふさわしい業務経験を示すことが容易ではないと思う方もおられるようである。そのような方は以下を参考に工夫されることをお勧めする。

(1) 行政経験が長く現場経験に乏しい場合

数少ない現場経験から、20年以上も前の若手技術者時代の経験を掘り起こして、思い出しつつ記述するのも一案であるが、記憶に頼ると不正確となるおそれがあり、関連する資料等を用意することも困難で、なにより面接の際に「古い」経験であることに質問が及ぶことは、その準備を考えてもあまり得策とはいえない。

その場合、発想を転換し、行政経験の中から選ぶという選択肢も十分ありえる。技術的体験論文を当日試験会場で書き上げる平成18年度以前の試験制度下で筆者は先輩技術士から「技術的体験論文は自身が最も苦労した業務を選べ」というアドバイスをいただいた。その趣旨は、苦労した業務なら論文としてまとめるのに十分なネタが山ほど埋まっているはずだから、だと理解した。行政経験の中でも農業農村工学の知識をベースに技術的な検討を行い、結果として施策の創設等に結びつけた業務であれば、技術的な側面を強調し、技術者としての判断が成果につながっていることを的確に表現できれば、十分技術士としてふさわしい業務経験として整理が可能と考える。また口頭試問で時々聞かれる「あなたの行った提案のその後の評価や現状」といった問いに対しても、20年も前の現場での業務よりは、よほどフォローのための情報収集は容易だと思われるからでもある。

(2) 発注者としての経験を記載する場合

発注者としての現場経験では、調査・計画・設計関係の業務であれ、構造物を築造する工事の施工管理や監督業務であれ、コンサルタントや建設会社（受注者）に指示し監督する立場で業務を進めているのが一般的である。この場合、自身が行ったことと受注者が行ったことを混同しない注意が必要である。例えば「特殊な工法を選択し工事を進めた」といった内容を業務経験として記述す

る場合、数ある適応可能な工法を自ら見つけてきたような表現をすると、コンサルタントの提案を自らの発案のように虚偽の記載をしたと指摘されるおそれがある。この場合、例えば発注者としてどのような技術的判断を行ったかといった視点（この例で言えば、設計コンサルタントが提示する複数の案の中から、自らの技術的判断により採用する工法を決定した、といった整理）で記載すれば、発注者と受注者の関係を明確にし、共同作業で技術的に困難な業務を遂行したと理解してもらえるような表現となるであろう。このように自らの立場と役割を正確に表現することで、口頭試験の際に無用な質問を受けることを避けるよう注意が必要である。

11. 口頭試験の準備

　本書の主題からは外れるが、筆記試験の終了直後から、口頭試験の準備が始まることから、これについても簡単に触れておく。

　口頭試験は、筆記試験の合格者に対して、筆記試験における答案（問題解決能力及び課題遂行能力を問うもの）及び「業務内容の詳細」を参考にして試問することとなっており、その内容は、

① コミュニケーション、リーダーシップ
② 評価、マネジメント
③ 技術者倫理
④ 継続研さん

とある。「業務内容の詳細」の作成について1章設けて「10. 業務内容の詳細の作成」に解説しているのも、「業務内容の詳細」が口頭試験の試問の材料として使われるからである。同様に問題解決能力及び課題遂行能力を問う問題の答案も試問の材料として使われるため、筆記試験を終えたらすぐに、記憶の鮮明なうちに、この答案の復元を行え、というアドバイスが、およそあらゆる試験対策で語られている。本書でもこのアドバイスを否定するものではないが、復元と呼べるレベルの正確な答案の再作成まで必要かという点については、筆者は全面的には賛同しない。もちろん精度の高い答案の復元を行うやる気があり、復元できたなら、口頭試験の準備には大いに有効である。しかし筆者が考える最低限の準備としては、答案の骨子、キーワードを確実に押さえた、いわば概要レベルのもので十分である。そして口頭試験の準備として用意すべきもののレベルは、当日の答案の出来と反比例すると考える。つまり答案の出来が芳しくないと思えば、口頭試験の際に自ら積極的に補足する必要があろうし、試験官からも不十分な点を中心にいろいろと質問が来ることが予想される。このよ

うな場合は、準備をするにしても、その材料として高い精度で復元された答案が必要になろう。一方、よく書けた答案であれば、試験官から厳しい質問が来ることも予想しづらく、この場合は極端に言えば、筆記試験の最中に、問題用紙の余白に書き付けた答案作成のための作業用のメモを、少し整理し直してきれいに書いて残しておく程度でも、なんとかなるものである。

　次に当日の口頭試験の様子や応答のポイントを述べるべきところであるが、まずは口頭試験も（記述式試験と同様に）いわばプレゼンテーションの一種であると理解していただきたい。（記述式試験が、一方通行のプレゼンテーションであり、その特性に留意し対応が必要と述べたが）口頭試験をプレゼンテーションとみた場合、アピールすべきは何かというと、自分（受験者）が技術士としてふさわしい資質能力を備えているという点である。この力量を、①コミュニケーション、リーダーシップ、②評価、マネジメント、③技術者倫理、④継続研さん、という視点で測ろうとしている訳である。ここで受験者諸氏にアドバイスしたいのは、自分が試験官だったら受験者がどのような応答・反応を示せば合格を出すだろうか、そのためにはどのような質問をしてどのような受け答えであれば満足するだろうかということを想像することである。そのうえで、記述式試験と同様に試問内容を想定し解答案を用意することで、口頭試験対策として準備を進めていただきたい。

　また本番に向けた練習としては、想定問を用意して解答案を整理するという記述式試験と同様の作業が有効であるが、記述式で"答案用紙に書いてみる"という練習に相当する"質問してもらって答えてみる"という練習も、当然必要である。自身の周りに技術士がいれば、その人に頼むのが一番であろうが、仮に適当な人が見つからない場合でも、技術的なことの全くわからない家族に、問いだけ読んでもらって答えてみて、淀みなく解答できるかどうかを確認するだけでも、十分有効な試験対策となるので、是非、誰かに対して用意した答えを口に出してみるという練習は行っていただきたい。

　なお48ページに列記した4項目の口頭試験の内容は令和3年12月に示された「技術士第二次試験実施大綱」によるが、これは口頭試験における試問内容というより評価の視点を示しているように見える。そのため、口頭試験への準備

としてあらかじめ用意しておくべき想定問としては前著に示した以下の4項目を再録した。

①経歴

　技術士としてふさわしい経歴を、「業務内容の詳細」と問題解決能力及び課題遂行能力を問う問題の答案を材料に、面接形式で測ろうとしたら、どのような質問が来るか。これを想像することはそれほど困難ではないだろう。試験官から見れば、2つの材料で提供される情報をレビューし、疑問点について質問をするのが基本と考えられる。模擬面接の例としてよく見られる、受験者の業務概要の説明を求めるのも、この流れの中での導入部としては最も自然な流れである。そういった視点で2つの材料を少し客観的に眺めたうえで、質問を想定し解答を用意するのが口頭試験の準備の第一歩である。

②応用能力

　技術士としてふさわしい応用能力とはどんなものであろうか。筆者は、想定外の事態に適切に対応し的確な応用動作ができる能力、言い換えれば危機管理能力的なものと考える。それを「業務内容の詳細」と問題解決能力及び課題遂行能力を問う問題の答案を材料に確認しようとすると、受験者の過去の業務経歴や答案の内容の前提となる条件が異なった場合にも適切に対処できるかといった視点や、少し意地の悪い予期していないような観点からの質問をどうさばくか、といったことに自然にたどり着きそうである。準備する側から見れば、この「業務内容の詳細」と問題解決能力及び課題遂行能力を問う問題の答案の中で突っ込みどころはどこにあるか、という目で眺めて見て、質問を想定することになる。

　①と②を対比して言えば、「業務内容の詳細」と問題解決能力及び課題遂行能力を問う問題の答案について、内容を確認しようとするのが①の視点、あらを探してつついてみるというのが②の視点ということである。

③技術者倫理

　この視点は面接試験の中でも時事問題のフォローが求められる場合がある項目である。倫理規定や倫理綱領を眺めて、技術士に求められている倫理上の姿勢を確認しておくことに加えて、技術者倫理上の問題となった印象に残る最近の事例やそれに対する意見などを問われる場合があるので、用意が必要である。またなぜ倫理規定等が定められていると思うか、といった形で意見を求められる場合もある。筆者の経験では、口頭試験の中で最も多様なパターンでの質問を受けた項目で、なかなか準備した解答案だけでは対処できなかった視点である。膨大な想定問と解答案を用意するというより、試験直前の1〜2週間程度は、時々技術者倫理について考えてみるといった練習により、想定外の質問に対して機転を利かせて答えるための引き出しを増やすような対応が効率的である。

④制度の認識

　口頭試験対策として間違いなく記憶する作業が求められるのが、この視点である。制度の認識とは技術士法で規定される技術士制度の重要なポイントを理解しているかどうか、と言うことであり、よく言われる技術士の3大義務と2大責務（信用失墜行為の禁止、秘密保持義務、名称表示義務、資質向上の責務、公益確保の責務）を記憶し正しく理解しておくことは必須である。なお詳しい内容はWEB検索等により技術士法第4章技術士等の義務（第44条〜第47条の二）を確認願いたい。

　他にAPECエンジニア制度による技術者資格の相互認証制度や、継続教育の制度と意義および自身の取り組み状況などに質問が及ぶこともある。

第2部　記述式問題の解答例

　　ここからは実際の出題を想定した解答案を例示する。これをベース
に自身の知識や経験、得意分野などに基づき補強・修正することで、
試験対策に活用されることを期待する。なお既に述べたように、以下
の内容はあくまで受験者諸氏が自身の知識と言葉や文体によって解答
案を用意するための「材料」との位置づけである。そのためあえて設
問ごとに解答の書式（見出し語の立て方や箇条書きの使い方）などを
統一せず、さまざまな見た目の例を提示するように努めた。文字数に
ついても、問題ごとの規定の分量（指定枚数）におおむね合わせてい
るものもあるが、このまま忠実に答案用紙のマス目に埋めることは想
定していない。

　　各人の好みに合わせて試験官にとって読みやすいと思う書式を定め、
内容を吟味したうえで必要な修正を加えるなど、試験準備を進める
うえでの参考資料として活用いただきたい。

　　また令和元年度の制度改定以前の出題を想定して用意した前著の解
答例も再録しているのであわせてご活用いただきたい。

1. 専門知識を問う問題

　第2部では前著を再録していることはすでに述べたところであるが、特に専門知識を問う問題は出題傾向が令和元年度以降も同様であることから、前著の内容が有効活用できる余地が大きい。前著から再録した解答例は表2.1に整理した51題であるが、令和元年度以降の問題に活用可能なものについては対応関係を表2.1に追記した。また従来の51題では対応困難な問題への解答例として13題を新たに用意したが、これらについては表2.1-2として整理し、解答例としてはQ52から通番を付して後掲した。なお再録した解答例の大半は初出が2016年のためそのままでは現在の状況とは必ずしも整合しないものもある。受験者自身の解答案として利用する場合は、農地面積や食料自給率などの数値の最新情報への更新や各種施策の進捗を踏まえた表現の見直しなど適宜必要な修正を行う必要があることにご留意いただきたい。

表2.1　専門知識を問う問題

分　野	設　問　要　旨	対応する過去の問題
(1) かんがい	Q1　目的・特徴と計画策定に当たって考慮すべき事項	H26　Ⅱ-1-1（類題）
	Q2　効果と計画策定上の技術的留意点	
	Q3　畑地かんがいの目的・効果・方法と選定上の技術的留意点	H26　Ⅱ-1-1
	Q4　用水需要増加に対応するための計画の変更手順と技術的留意点	
	Q5　水田かんがいの計画用水量の算定手法と技術的留意点	H25　Ⅱ-1-1
	Q6　畑地かんがいの計画用水量の算定手法と技術的留意点	H25　Ⅱ-1-1
	Q7　地下かんがいの仕組みと利点・留意点	H29　Ⅱ-1-2
	Q8　管水路の特徴と水管理上の留意事項	

表2.1　専門知識を問う問題（つづき）

分　野	設　問　要　旨	対応する過去の問題
(2) 農業水利施設の保全管理	Q9　農業水利施設の現状・課題と保全管理のための技術的対策	H26　Ⅱ－1－4（農村環境）
	Q10　ストックマネジメントの内容と手順	
	Q11　ストックマネジメントの推進方策及び今後の方向性	
	Q12　農業水利施設の機能と性能	H29　Ⅱ－1－3（類題）
	Q13　コンクリート開水路の機能保全対策	H27　Ⅱ－1－1
	Q14　管水路の機能低下とその対策	H28　Ⅱ－1－3 H30　Ⅱ－1－2（類題）
	Q15　頭首工の機能保全	
	Q16　水路トンネルの機能保全	
	Q17　ポンプ設備の機能保全	H30　Ⅱ－1－1
(3) 水管理	Q18　水管理施設の概要・効果及び具備すべき条件と技術的留意点	
	Q19　水管理方式の概要と設定の考え方	H28　Ⅱ－1－1
(4) 排水計画	Q20　農地排水計画における調査事項と計画策定の手順及び技術的留意点	H26　Ⅱ－1－4（類題） H28　Ⅱ－1－4（類題） R1　Ⅱ－1－2（類題）
	Q21　水田汎用化のための排水計画における基準水位の設定方法・計画策定上の技術的留意点	H26　Ⅱ－1－4
	Q22　水田汎用化のための排水機場計画における調査・検討事項及び配置検討での留意点	
(5) ほ場整備	Q23　目的と効果及び汎用化のための留意点	H25　Ⅱ－1－2 H28　Ⅱ－1－2
	Q24　区画規模と形状決定の際の検討事項及び畦抜き工法と道路抜き工法の説明	H26　Ⅱ－1－2
	Q25　目的と効果及び平坦地と傾斜地における区画計画の留意点	H27　Ⅱ－1－2
	Q26　大区画ほ場整備の留意点と再整備計画における技術的留意点	H25　Ⅱ－1－2（類題） R3　Ⅱ－1－3（類題）
(6) 中山間地域	Q27　特徴と生産基盤の課題及びほ場整備を計画する際の留意点	H30　Ⅱ－1－4（類題）
	Q28　農業農村振興対策と留意点	H27　Ⅱ－1－4

表2.1　専門知識を問う問題（つづき）

分　野	設　問　要　旨	対応する過去の問題
(7) 農道	Q29　農道整備の目的と効果及び計画策定上の留意点	H25　Ⅱ－1－4
	Q30　路線配置計画策定上の留意点及び平面交差する場合の設計、施工上の留意点	
	Q31　舗装厚決定に必要な調査及び決定手順	
(8) ため池	Q32　ため池の現状と課題及び保全対策の事例と留意点	
	Q33　リスク管理に基づくため池の被害軽減対策の考え方及び手法	H25　Ⅱ－1－3
	Q34　ため池の損壊に対するリスク管理の考え方及び対策	H26　Ⅱ－1－3
(9) 地すべり	Q35　水食の形態と要因及び水食防止対策	H30　Ⅱ－1－3（類題）
	Q36　地すべりの内容や要因及び対策の考え方	R3　Ⅱ－1－4（類題）
	Q37　地すべり対策工法選定の考え方及び工法	H27　Ⅱ－1－3 R1　Ⅱ－1－1（類題）
	Q38　法面保護工の留意点及び災害対策	
(10) 農村環境関連	Q39　環境配慮が求められる背景、必要性及び留意点	
	Q40　生態系配慮の基本的考え方と留意点	H25　Ⅱ－1－3（農村環境）
	Q41　景観配慮が求められる背景、必要性及び留意点	H25　Ⅱ－1－4（農村環境）
	Q42　バイオマスの種類と特徴及び活用に向けた課題	H26　Ⅱ－1－3（農村環境）
	Q43　再生可能エネルギーの導入計画と留意点	H25　Ⅱ－1－1（農村環境）
	Q44　太陽光発電の導入計画と留意事項	
(11) その他	Q45　農業集落排水施設の目的、特徴及び計画策定の留意点	
	Q46　施工管理の目的及び管理工程における留意点	H29　Ⅱ－1－1（類題）
	Q47　農業用ダムの安全性評価	H29　Ⅱ－1－4（類題）
	Q48　農業用ダムの機能診断手法	
	Q49　土地改良施設における耐震設計	H29　Ⅱ－1－4（類題）
	Q50　i-Construction の農業農村整備への活用	
	Q51　ICT の農業農村整備への活用	

表2.1-2　専門知識を問う問題（令和元年度以降）

設 問 要 旨	対応する過去の問題
Q52　パイプラインの機構と特徴	R3　Ⅱ−1−1
Q53　ファームポンドの規模決定	R2　Ⅱ−1−1
Q54　コンクリート開水路の補修工法	R2　Ⅱ−1−3
Q55　コンクリート開水路の補強工法（別案）	R2　Ⅱ−1−3
Q56　コンクリート構造物の劣化メカニズム	R4　Ⅱ−1−1
Q57　フィルダム基礎等の計測	R4　Ⅱ−1−2
Q58　頭首工の設計	R2　Ⅱ−1−2
Q59　頭首工の耐震性能と照査	R3　Ⅱ−1−2
Q60　小水力発電の意義など	R4　Ⅱ−1−3
Q61　生物多様性対策	R1　Ⅱ−1−3
Q62　工事における環境配慮対策	R2　Ⅱ−1−4
Q63　景観配慮の原則	R1　Ⅱ−1−4
Q64　ため池改修における環境配慮	R4　Ⅱ−1−4

（1）かんがい

> Q1　かんがいの目的とその特徴および計画策定に当たって考慮すべき事項

1．かんがいの目的と特徴

　かんがいは、作物への水分補給、栽培管理上の土壌水分調節の他、水田についていえば、湛水による温度環境の調節や、雑草・病害虫の抑制、塩分などの有害物質の除去、用水による肥料・農薬の流入施用など、その目的は多岐にわたる。

　我が国では、夏期の高温・多湿に適した水田を中心にかんがい農業が発展してきた。水田かんがいの特徴としては、①作期や降雨量等の自然条件で水需要が大きく変動すること、②取水された水の多くが下流に還元され再利用が可能であること、③地域の風土・社会と密接に関連し、生態系保全、地下水のかん養、親水空間の形成等の多面的機能を発揮していること、などがある。

２．かんがい計画の策定に際して考慮すべき事項

　かんがい計画策定に当たっては、特に地区の営農状況を正しく捉え計画に的確に反映することに留意する必要がある。水田では、作付け品種の変化による代かき時期の変更（前倒しや後ろ倒し）と集中化や、水田の汎用化・田畑輪換に伴う還元田割増の発生、栽培管理の多様化、畑地では、施設園芸の増加、かんがい時間の集中、などにより水需要が時期的・量的に変化している場合がある。新規水源開発が容易でない昨今の状況を踏まえれば、水需要の増加に対しては、パイプライン化による搬送効率の改善や既存水源の有効活用を検討することが重要である。

　また、農家の高齢化や減少、集落機能の低下による用水管理の粗放化や農地の利用集積の進展に伴い、少数の農家による大規模な用水管理が求められるようになってきていることから、用水管理の合理化を図ることも必要である。

> Q2　かんがいの効果およびかんがい計画策定に当たっての技術的留意点

１．かんがいの効果

　かんがいの効果としては、以下のようなものが期待できる。

　①かんばつ被害の軽減・防止による収量の増
　②作付け作物の選択の自由度向上（作目と作付時期の多様化）
　③農産物の品質向上による単価の上昇など市場価値の増大
　④水管理労力や維持管理費の節減（ただし老朽施設を更新する場合など計画の形態による）
　⑤天候に左右されない計画的な栽培・営農の実現
　⑥農業用水による生態系の保全、地下水かん養、水環境の形成、微気象の改善、良好な景観の形成などの多面的機能の維持・増進

２．計画策定に当たっての技術的留意点

　水田を例にとれば、以下の内容について留意する必要がある。

　①計画策定に当たっては、水田に適切な質・量の水を供給し、農業生産の安定・向上を図るとともに、将来起こり得る生産環境や営農条件の変化につ

いても可能な限り予測し、十分対応できるような計画とすることが重要である。特に、水田かんがいの場合は、既存の農業水利施設やかんがいシステムの改良を行うことが多く、既得水利権、用排水施設の位置と構造、水利慣行など、既存の条件を前提として計画をたてる必要がある。

②作期による用水需要の大きな変化や、水田への送配水過程で生じる用水の損失、用水の反復利用など、水田かんがいの特性を踏まえつつ計画を策定することが必要である。

Q3　畑地かんがいの目的と効果およびかんがいの方法と選定に当たっての技術的留意点

---

1. 畑地かんがいの目的と効果

畑地かんがいは、畑作物の生育に必要な水分の補給や、播種・定植など栽培管理上必要となる土壌水分の調節等を目的として実施される。

畑地かんがいにより、安定的で品質の高い作物生産や計画的な農作業が可能になるとともに、施設園芸の導入による高収益性作物の生産など作物選択の自由度が向上する。また、かんがいによる風食・凍霜害・塩害などの防止や、スプリンクラを利用した農薬、液肥の散布、施設園芸における施設内部の温・湿度の調節など、営農の効率化・高度化も可能となる。

2. 畑地かんがいの方法と選定上の技術的留意点

畑地かんがいには、スプリンクラかんがい、点滴かんがい、多孔管かんがいなど施設により地表へ散水する方法、畝間かんがい、ボーダーかんがい、コンターディッチかんがい、水盤かんがいなど用水を流入・浸透させる方法、点滴かんがい施設の地中への配置による地中かんがい、暗渠等を活用した地下かんがいなど多様な方式がある。これらの方式の中から、地区の地形・土壌等の自然条件、作目や経営形態などの営農条件、ほ場の団地化の程度などのほ場条件等を踏まえ、地区の条件にあった方法を選定する必要がある。

また、近年では、施設園芸の増加、かんがい時間の集中など、水需要の変化・多様化が生じており、これらについても考慮することが重要である。

> Q4　現況水源の範囲で営農の変化等に伴う用水需要増加に対応するための
> 　　かんがい計画の変更手順および計画策定に当たっての技術的留意点

　用水需要の増加に対応してかんがい計画を変更する場合は、以下の手順に沿って、それぞれの事項について対応の可否を検討することが必要である。

①水源（ダム、ため池等）の運用の変更

　降雨流出、河川流況の変化により、貯留可能な水量の変化や無効放流が生じていないかなどを調査し、水源の運用の変更について検討する。

②取水・送水・配水管理ロスの削減

　取水施設から末端水路までの機能診断を行い、漏水の防止、開水路のパイプライン化、幹線・支線での需給ギャップの調整、水路粗度の改良等の各種ロスの減少を図る対策を検討する。

③地区内での反復利用の強化

　地区内で反復利用が可能な用水ブロックや、河川、末端水路等への還元率を調査し、地区の水利慣行等も踏まえて、ポンプ施設や調整池の設置を検討することで反復利用の強化を図ることを検討する。

④地区内の未利用・低利用水資源の活用

　現況では未利用・低利用となっている地区内のため池や渓流、伏流水等を洗い出して、利用可能量を調査し、利用のための取水施設等の設置を検討する。

⑤用水系統や送・配水施設の見直し

　農地がまとまって転用されている場合は、用水系統や送配水量の見直しを検討する。

⑥営農、水利用計画の見直し

　上記に加え、必要に応じて節水型の営農形態への移行や、地区内の水利用ルールの見直しについても検討する。

Q5　水田かんがいの計画用水量の算定手法および用水量算定に当たっての
　　技術的留意点

1．水田かんがいにおける計画用水量の算定は、以下の手順により行う。
　①ほ場における減水深（蒸発散量＋浸透量）と栽培管理用水量からほ場単位
　　用水量を算定。
　②ほ場単位用水量から有効雨量を差し引き、面積を乗じて純用水量を算定。
　　この場合、有効雨量は一般には、日雨量5 mm以上80 mm以下の降雨の
　　80％を見込む。
　③純用水量に施設管理用水量（送水損失水量、配水管理用水量など）を加え、
　　粗用水量を算定。
　④粗用水量から地区内利用可能水量（反復利用量＋補助水源量）を差し引き、
　　計画用水量を算定。
2．用水量算定に当たっては、以下の諸点について留意する。
　①水田の用水量は、ほ場条件の変化、栽培形式、水管理方式の変更等によっ
　　て大きく変化することから、ほ場整備の有無（一般にほ場整備後は用水量
　　が増加）、作期の移動（期別に用水量が変化）、田畑輪換（還元田割増の発
　　生）など、想定される栽培管理方式や作付体系を考慮して計画用水量を算
　　定することが必要。
　②水田の場合、蒸発散および地下浸透によって消費される水以外は、下流の
　　排水路に流出し、地区内で再利用（反復利用）できる可能性がある。反復
　　利用は用水の有効利用や地域の水循環の観点からみても有効な手法である
　　ため、その可能性の検討と反復利用可能量の把握も重要。
　③農業用水の利用実態を踏まえ、生活用水や防火・消流雪用水などの地域用
　　水としての機能を確保するために必要な量を用水計画に反映することも重
　　要。

> Q6　畑地かんがいの計画用水量の算定手法および用水量算定に当たっての
> 　技術的留意点

1．畑地かんがいの計画用水量の算定手法

　畑地の計画用水量は以下の手順で算定する。

①計画日消費水量と配水管理用水量を、ほ場におけるかん水の過程で失われる損失水量を考慮した適用効率で除して、ほ場単位用水量を算定する。

②ほ場単位用水量から有効雨量を差し引き、面積を乗じて純用水量を算定する。

③純用水量を、水源からほ場までの送水の際に失われる送水損失水量を見込んだ搬送効率で除して、粗用水量を算定する。

④粗用水量から地区内利用可能水量（補助水源量）を差し引いて計画用水量を算定する。

2．用水量算定に当たっての技術的留意点

　畑地かんがいにおける用水量算定に当たっての留意点は以下のとおりである。

● 畑地かんがいは、土壌の有効水分保持能力を利用した間断かんがいを前提としており、複数のローテーションブロックから構成されるブロックごとにほ場単位用水量を算定する必要がある。

● 計画日消費水量は、かんがい地区を代表する作物ごとに定める必要がある。この場合、10年に1回の干ばつに相当する条件において、作物の生育ステージごとに、蒸発散量を土壌水分の直接測定やペンマン式を用いた推定法により定める。

● 有効雨量は降雨量の80％を有効雨量率とするが、畑地に降った降雨のうち5mm未満は参入せず、上限はTRAMから降雨直前の土壌の有効水分量を差し引いた値とする。

Q7　地下水位制御型地下かんがいの仕組みと利点および留意点

１．仕組み

　地下水位制御型かんがいシステムは、ほ場の地下（下層）に配置した有孔管を活用し、降雨時には暗渠から排水を行い、干天が続くと地下かんがいを行うことで、作物栽培に最適な地下水位を維持することを可能としたシステムである。一般的な暗渠排水は、田面より約50 cmの深さに10 m程度の間隔で排水側に向かって1／500程度の勾配で、平面的には平行に有孔管を配置する。これに対し地下水位制御型かんがいシステムは、暗渠排水の場合と同様に配置した有孔管に加えて、これらに直交する補助孔として弾丸暗渠を1 m程度の間隔で配置（施工）したシステムである。さらに排水側の末端には地下水位が設定水位を上回るとオーバーフローする二重管構造の水位制御器を、給水側には給水栓を備えている。

２．利点

　1 m間隔で設置される弾丸暗渠により迅速な排水が可能となるうえ、ほ場全体への均一な用水供給を実現している点が従来の暗渠排水や地下かんがいとは異なるこのシステムの利点である。また水位制御器により設定水位までの給水・排水を自動的に行えるため、地下水位あるいは湛水深を自動で一定に保つことも可能となっている。この結果、水田の田畑輪換が容易に実現でき、水稲作に加えて麦・大豆の導入や、多様な野菜作への展開を可能にするものである。

３．留意点

　システムの設計・施工に当たっては導入予定の地区ごとの地形・地質、土壌、地下水位、環境等の現場条件に加えて、区画の形状や導入予定の作目の栽培条件等の地域特性を十分考慮する必要がある。有効な地下水位制御を実現するうえでは、平常時の地下水位が有孔管を配置する深度（田面より50 cm程度）の近傍に存在することや、さらに下層の土壌が粘土質などの透水性の低い土層であることが望ましい。また地下水位を制御しようとする土層の透水性に応じて補助孔（弾丸暗渠）の大きさ（直径）や配置を適切に設定する必要がある。

Q8　管水路の特徴と水管理制御に当たって留意すべき事項

1．管水路の特徴

　管水路は、基本的に設計流量が満流状態で流れる構造であり、開水路と比較して地形条件の制約が比較的少なく、路線選定の自由度が高い。また、開水路と比較して配水管理における水量の損失も小さい。

　給水操作が容易なため、管水路での水利用は作物、期別、対象面積によって不規則になる傾向があり、通水量の変動が開水路と比べて大きい。また、水利的な応答は、開水路と比べて格段に速く、管水路に設置された分水バルブが操作されると、その影響は速やかに上下流の系内全域に伝達されるため、特に安全性の面から留意が必要である。

2．水管理制御に当たって留意すべき事項

　水管理制御方式は需要主導型および供給主導型があるが、クローズドタイプのパイプライン形式の場合は需要主導型の方式が採用されている。これは上水道の水管理方法と同様に、需要者側の必要に応じて末端の給水栓等が操作され、需要量を賄うように給水される、需要者が給水の主導権を持った管理の形態である。

　需要者主導による給水は、通水量が比較的大きく変動することが想定されるため、水源や水利権量に対応した水利用となるよう調整を行う必要がある。また、バルブ操作等に伴う圧力変動にも注意する必要があり、地形条件や水圧、土圧、管路の構造等を踏まえ、空撃圧、水撃圧への対応を検討しておく必要がある。

(2) 農業水利施設の保全管理

　農業水利施設の保全管理に当たっては、平成11年度に創設された「広域基盤整備計画調査」にストックマネジメントの考え方が取り入れられて以降、全国の施設管理の現場で機能診断が試行錯誤的に実施された。この結果、徐々に蓄積されたノウハウが平成18年度には『農業水利施設の機能保全の手引き』として取りまとめられた。その後、ストックマネジメントの取組は引き続き充実が図られており、同手引きが平成27年度に改訂されたほか、工種別の各手引きが取りまとめられている。また機能診断を踏まえた対策実施のための手引きとして、主としてコンクリート構造物を対象とした『農業水利施設の長寿命化の手引き』が取りまとめられた他、補修工法についてのより詳細な解説書として『農業水利施設の補修・補強工事に関するマニュアル』として、順次工程別の整備が進められている。

表2.2　ストックマネジメント関係の手引き類

タイトル	制定・改訂	種別	適用範囲
農業水利施設の機能保全の手引き	H27.5	総論	管理・調査・計画
〃 「パイプライン」	H28.8	土木構造物	〃
〃 「開水路」	H28.8	〃	〃
〃 「頭首工」	H28.8	〃	〃
〃 「水路トンネル」	H28.8	〃	〃
〃 「頭首工（ゲート設備）」	H22.6	施設機械	〃
〃 「頭首工（ゴム堰）」	H25.4	〃	〃
〃 「ポンプ場（ポンプ設備）」	H25.4	〃	〃
〃 「除塵設備」	H25.4	〃	〃
〃 「電気設備」	H25.5	〃	〃
〃 「水管理制御設備」	H25.5	〃	〃
農業水利施設の長寿命化のための手引き	H27.11	総論	設計・施工・積算
農業水利施設の補修・補強工事に関するマニュアル（案）「開水路補修編」	H27.4	土木構造物	〃
〃 「パイプライン編」	H29.4	〃	〃
〃 「鋼矢板水路腐食対策（補修）編」	R元.9	〃	〃
〃 「鋼管等腐食対策編」	R2.3	〃	〃
〃 「水路トンネル編」	R3.6	〃	〃

　農業水利施設の保全管理については、これらの既存の手引き・マニュアル類の内容も参考にされたい。なお各手引き・マニュアル類は農林水産省のWEBサイトから「ホーム＞農村振興局＞農業水利施設の保全管理」とリンクをたどれば閲覧できる。（令和4年9月時点）

> Q9　農業水利施設の現状と課題および効率的に保全管理を行うための技術的対策

1．農業水利施設の現状と課題

　我が国の農業水利施設は、ダムや頭首工等の点的な基幹的施設が約7千か所、基幹的水路が約5万km（末端まで含めると40万km）にわたり整備されており、これらの施設の資産価値は、基幹的施設が再建設費ベースで約18兆円、末端施設を含めると約32兆円に及んでいる。このうち約2割の基幹的施設が耐用年数を超過しており、その割合は今後10年のうちには3割に上ると推計されている。老朽化に伴う突発事故も1年に約600件発生しており、周辺地域における二次災害の発生も大きな問題となっている。

　一方、これまで農家や集落が主体となって行ってきた農業水利施設の保全管理の体制は、農家の高齢化や減少、混住化の進展等によって脆弱になってきており、このような状況を踏まえ、農業水利資産の機能を適切かつ効率的に維持していくことは重要な課題となっている。

2．効率的に保全管理を行うための技術的対策

　農業水利システムは、耐用年数の異なる施設で構成されており、個々の施設の老朽化の度合いも自ずから異なっている。このため、日常的な管理と併せ、定期的な機能診断によって施設ごとの劣化状況や補修履歴等を把握・蓄積し、その施設の状態に応じて、監視、補修、改修、更新等の対応を適切に実施するストックマネジメントの手法が効率的である。

　施設の老朽化が進む中、限られた予算で施設の有効活用と長寿命化、ライフサイクルコストの低減を図ることで、施設の効率的な機能保全を可能とすることができる。

Q10　ストックマネジメントの内容と手順

1．ストックマネジメントの内容

　ストックマネジメントは、施設の機能診断に基づく機能保全対策の実施を通じて、既存施設の有効活用や長寿命化を図り、ライフサイクルコストの低減を図るものである。PDCAサイクルの考え方に基づき定期的に実施する機能診断の結果に基づいて複数の対策を比較検討し、適時適確に対策を実施するプロセスを、サイクルとして繰り返すとともに、機能診断や対策として実施した補修等の履歴などの情報を継続的に蓄積し、蓄積された情報を以降のサイクルで活用することを通じて、施設の機能保全を効率的に実施する取り組みである。

2．主な手順

　ストックマネジメントを実践するうえでの主要なプロセスとその手順は以下のとおり。

○日常管理

　　日常管理の一環として行う点検の中で異常や性能の低下に注視

○定期的な機能診断（調査と評価）と劣化予測

　　目視による施設機能の診断等

　　調査結果を健全度指標を用いて定性的に評価

　　劣化予測モデルにより供用期間中の劣化を予測

○対策工法の検討、ライフサイクルコストの算定

　　複数の保全対策シナリオを設定

　　一定の期間、施設の機能を一定の範囲に保全するための機能保全コストを算定し、経済比較

○機能保全計画の策定、機能保全対策の実施

　　定期点検の間隔と調査項目に係る調査計画の策定

　　性能回復等を図るための機能保全計画の策定

　　機能保全計画に基づく機能保全対策の実施

> Q11　ストックマネジメントの推進方策および農業水利施設の現状等を踏
> まえた今後の方向性

1．ストックマネジメントを推進するための方策

　ストックマネジメントの推進に向けては、適切な予算の確保等に加え、以下
のような対策を強化することが必要である。

・技術基準類のさらなる整備：「農業水利施設の機能保全の手引き」等が策定
　されているものの、実施事例、モニタリング、対策効果の検証等に係る情報
　の収集・整理・分析を継続し、技術体系の整備を進める必要がある。

・技術に精通した人材の育成：ストックマネジメントは、比較的新しい技術体
　系で、従来の土木技術等では十分対応できていない部分もあることから、経
　済的な側面や地域性等を総合的に判断して機能診断や対策工法の選定ができ
　る技術者の育成が必要である。

・施設管理の強化：施設管理の省力化・効率化や管理への支援等による管理体
　制の強化、地域協働の取組による適切な保全管理、長寿命化対策等を推進す
　る必要がある。

2．農業水利施設の現状を踏まえたストックマネジメントの今後の方向性

　農業水利施設については、戦後整備された膨大な施設が、今後一斉に耐用年
数を超えるなど老朽化が著しく進行すると想定されており、一層効率的な保全・
管理が必要である。

　このため、施設の点検や診断結果等に係るデータの蓄積、共有、可視化、全
国的な長寿命化計画の体系的作成や、関係者が一体となって基幹から末端まで
の保全・管理体制を強化するなど、長寿命化の対応をさらに徹底することが重
要である。また、突発事故に対するセーフティネット対策の強化等も重要な課
題である。

Q12　農業水利施設（用水路）の機能と性能

　農業水利施設（用水路）が本来的に果たす役割は農地へ農業用水を供給することであり、そのための機能としては①水利用機能、②水理機能、③構造機能に分類される。これらの機能は重層的に構成されており、水理機能と構造機能が水利用機能を下支えする関係にある。これらの機能に加えて社会的機能をも有しており、これは農業水利施設全般に求められる安全性等の機能である。以下に各機能を発揮するための能力（性能）と性能を管理するうえでの指標の例を示す。

1．水利用機能

　水利用機能とは水源からほ場または分水口まで適時・適量の用水を無効放流することなく公平かつ均等に送配水する機能で、これを発現するために必要な性能としては、送配水性、配水弾力性、保守管理・保全性、環境性が求められる。これらの性能を評価・管理するための指標としては送配水効率（送配水量、漏水量）、配水の自由度、調整容量、保守管理頻度（費用）、保守管理の容易さ、騒音・振動である。

2．水理機能

　水理機能とは用水を安全に流送、配分、貯留する機能で、これを発現するために必要な性能としては、通水性、水理学的安定性、分水制御性が求められる。これらの性能を評価・管理するための指標は開水路と管水路（パイプライン）で若干異なり、共通の指標としては通水量、漏水量、分水工水位の維持状況があり、加えて開水路の場合は粗度係数、通水断面、管水路の場合は水密性、流速係数、水撃圧とその安全率が挙げられる。

3．構造機能

　構造機能とは水利用機能と水理機能を実体化するため水利構造物の形態を保持する機能で、これを発現するために必要な性能としては、力学的安定性、耐久性が求められる。その指標としては例えばコンクリート開水路では躯体の強度、ひび割れ幅、変形量、摩耗深、中性化深、鉄筋の腐食量、沈下など、管水路では管体のひび割れ、たわみ量、腐食、錆、継ぎ手間隔、沈下・蛇行状況な

どが挙げられる。

4．社会的機能

　社会的機能は安全性・信頼性、経済性、環境性により構成され、その指標としては漏水・破損事故歴（件数）、耐震性、維持管理経費、生物の生息の有無が挙げられる。

> ### Q13　コンクリート開水路の機能保全対策の基本的考え方と工法

1．機能の保全

　機能保全とは、施設または施設系の機能を確保することであり、開水路の場合、農業用水および農用地等からの排水を流送する目的を果たす機能の確保を図ることが求められている。これらの機能は水利用機能、水理機能、構造機能に分類される。これらの機能は重層的に構成されており、構造機能が水利用機能と水理機能を下支えする関係にある。

2．機能低下をもたらす変状

　一般的にコンクリート構造物に発生する変状は、①初期欠陥②劣化③損傷に大別され、その詳細は以下のとおりである。

● 初期欠陥

　施設の計画、設計、施工に起因する欠陥で、ひび割れ、豆板（ジャンカ）、空洞、砂すじ、コールドジョイント、表面気泡などが代表的な変状である。

● 劣化

　使用環境や材料に起因し、時間の経過とともに施設の性能低下をもたらす部材、構造の変化であり、中性化、凍害、化学的侵食、塩害、アルカリシリカ反応（ASR）、すり減り（摩耗）、風化・老化などが代表的な変状で、ひび割れ、浮き・はく落、錆汁、変色、エフロレッセンス、骨材露出などの二次的な変状を伴う。

● 損傷

　構造設計、支持条件、衝突や地震などの偶発的、突発的な外力に起因する欠陥で、ひび割れ、たわみ、変形、目地損傷、振動などが代表的な変状である。

３．対策工法

　これらの変状に有効な、開水路で一般的な対策工法としては大別して①表面処理工法②ひび割れ補修工法③断面修復工法④目地補修工法⑤接着工法⑥打換え工法がある。

４．対策において留意すべき事項

　鉄筋コンクリート施設の性能低下の原因には、コンクリートの摩耗、中性化などの内部要因、不同沈下、基礎地盤の空洞化などの外部要因のほか、目地の劣化などのその他の要因などさまざまなものがあり、その劣化の進行も施設ごとに異なる。しかし、いずれの場合も鉄筋の腐食により劣化が急速に進展する共通の性質を持っていること、鉄筋の腐食とひび割れには相互に因果関係があることから、対策工法に限らず調査・評価、性能低下予測の検討においても、これらの特質に着目することが重要である。

　無筋コンクリート施設の性能低下は、コンクリートの摩耗、ASRなどの内部要因によるものよりも、外力等の外部要因による施設の移動変形といった変状に起因する場合が多い。このため構造物単体だけでなく、隣接、または連続する構造物群などの位置関係を考慮して、変形の影響範囲や進行性の評価を行ったうえで対策工法を決定する必要がある。

Q14　管水路の機能低下とその対策について

１．管水路の機能低下要因と変状の種類

　管水路の機能低下は、管体そのものに起因する内部要因、管の敷設されている環境に起因する外部要因が複合的に作用し、管体や管路の変状として顕在化する。機能低下のメカニズムは管体の材質によって大きく異なり、おおむね以下のように整理できる。

○コンクリート系管路

　主として継手部の性能低下と浸食性因子によるコンクリート材料の化学的腐食により生じる。

○鉄鋼系管路

周辺地盤の地下水や土質および迷走電流といった外部環境に起因した鋼材腐食による変状が支配的である。

○樹脂系管路

継手部のゆるみや脱落および管体のたわみと変形が主たる要因である。

２．変状の原因とメカニズム

力学的な原因による変状発生のメカニズムとしては、施工不良、地盤の緩み、過剰荷重、地盤の空洞化により不同沈下が発生し、これが継手の緩み・脱落や管体自体の変形・たわみおよび沈下・蛇行につながり、さらには亀裂の発生等の管体の破損につながることが考えられる。

化学的な原因としては、腐食性の土壌・地下水、塗膜の損傷、異種金属の接触等によるミクロセル・マクロセル腐食が生じ、管厚の減少から貫通孔の発生に至るものが考えられる。

３．対策工法

代表的な対策工法の概要と適用に当たっての留意点を以下に述べる。

○止水バンド工法

クラックや継手部の変状により漏水等が生じた箇所に、弾力性のあるゴムスリーブ等を鋼板材料を用いて拡径装着し、部分的に水密性を回復または向上させる工法である。

不等沈下等により生じた継手部の偏心や曲げに対してもある程度の追従性が期待できる。一方で、管内径の縮小を伴い損失水頭の増大につながることから、通水能力が確保できるかどうかの検討が必要となる場合もある。

○反転工法・形成工法

反転・形成工法は管体を更生する材料の構造と材質により①熱硬化タイプ、②光硬化タイプ、③熱形成タイプ、④連続管タイプの4種類に区分される。また施工時の工程で見ればライナー材を管内に挿入する方法、挿入したライナー材を既設管に密着させるための拡径方法、ライナー材を硬化形成する方法により分類できる。

いずれの工法でも、基本的にはライナー材を反転または引き込みにより既設管に挿入し、既設管の内面に密着させることで管路の機能を回復させるものである。

　そのため既設管の目地ずれやたるみなどを修復（更生）するものではなく、既設管の内面形状を維持する断面を形成する工法である点をよく理解しておく必要がある。

○製管工法

　既設管内で硬質ポリ塩化ビニル樹脂材やポリエチレン樹脂材等を嵌合（かん

参考　農業用管路に用いられる管種の特徴と主な変状

	管種		主な用途・特徴	口径（mm）	主な変状
不とう性管	コンクリート系	遠心力鉄筋コンクリート管（RC）	耐久性に優れる 低圧パイプラインに適する	150〜3,000	ひび割れ、不同沈下、継手部劣化・緩み
		コア式プレストレストコンクリート管（PC）	耐荷重性に優れる 管体重量が大きい	500〜3,000	不同沈下、継手部劣化・緩み、カバーコート劣化、PC 鋼線腐食、管体破損
		石綿セメント管（ACP）	S40 年代頃から普及 発がん性により S63 年に規格廃止	50〜1,500	不同沈下、継手部劣化・緩み、変形・たわみ、管体破損
とう性管	鉄鋼系	ダクタイル鋳鉄管（DCIP）	引張強度、延性に富み、耐久性に優れる 内外圧の大きい管路や軟弱地盤に適する 管体重量が大きい	75〜2,600	継手部の緩み、C／S マクロセル腐食、ミクロセル腐食
		鋼管（SP）	引張強度、靱性、延性に富む 内外圧の大きい管路や軟弱地盤に適する 電食に弱い	15〜3,000	C／S マクロセル腐食、ミクロセル腐食、電食、ピンホール漏水、錆こぶ
	樹脂系	硬質ポリ塩化ビニル管（PVC）	耐久性、耐食性、耐電食性に優れる 軽量で取扱いが容易 軟弱地盤に適する 寒冷地での衝撃に弱い	13〜700	継手部の抜け落ち、亀裂・管体破損
		ポリエチレン管（PE）	耐衝撃性、耐食性、耐電食性に優れる 軽量 管路として一体となった可とう性を有する	13〜300	融着不良による漏水
		強化プラスチック複合管（FRPM）	耐久性、耐食性、耐電食性に優れる 軽量で運搬施工は容易	200〜3,000	不同沈下、継手部の緩み、変形・たわみ、亀裂・管体破損

農業水利施設の機能保全の手引き「パイプライン」（平成 28 年 8 月）を一部改変

ごう）させながら管路を形成（製管）し、製管された樹脂パイプと既設管の間隙にモルタル等を充填することで、既設管と更生管の一体性を確保する工法である。充填材は既設管と更生管の狭小な空隙に充填するためのスラリー性状と既設管と付着し一体構造となるための硬化性状が求められ、一般的には無収縮モルタル、セメント系モルタル等が使用される。

○鞘管工法

既設管路内にFRPM管やダクタイル鋳鉄管などを搬入して接合し、間隙を充填することで管路を構築する工法である。製管工法では既設管と更生管が一体構造となって外力に耐える複合管として機能するのに対し、鞘管工法では内挿する管により耐荷性を確保することを原則としている。

Q15　頭首工の機能保全

1．頭首工の構成要素と機能

頭首工は、取水口、堰体やエプロン、洪水吐、ゲート、護床工により構成される取水堰、魚道、放流施設、沈砂池などの付帯施設および管理施設により構成される。頭首工は、開水路などの一般的な農業水利施設の機能である構造機能、水理機能、水利用機能に加えて河川工作物であることから治水機能や環境機能を有している。構造機能がそれ以外の機能を担保するものであることから、頭首工の機能保全に当たっては構造機能に帰結する性能が評価の基本となる。

2．構造機能の評価指標

頭首工の構造機能として求められる性能は、耐久性・耐荷性と安定性である。耐久性・耐荷性についてはひび割れ、浮き・剥離等の変状により評価する。安定性については構造体の変形・ゆがみ、欠損・損傷、不同沈下、周辺地盤の沈下・陥没などの変状、目地の変状および護岸・護床工の沈下・変形・流失・空洞化により評価する。

3．評価のポイント

堰体については、コンクリート構造物共通の変状・劣化として、ひび割れの規模・形状、部材表面の外観変状、転石による摩耗、圧縮強度、中性化の進行

度合いが評価のポイントとなる。変形・ひずみや沈下などの外観の変状については、他の部位への影響の大小にも留意し評価する。また変形等が外観目視では確認できない場合でもひび割れの発生場所や形状から変形等の発生を類推することも必要である。

エプロンの場合も同様にコンクリート構造物共通の変状・劣化を評価するが、特に摩耗による材料劣化に着目する必要がある。またエプロン下の地盤の空洞化は直接確認することが困難なため、沈下・ひずみやひび割れに加えて下流河床の洗掘状況から河床材の吸い出しによる空洞の発生を類推する必要がある。

護床工については洪水による流出、河床変動による不同沈下、下流河床の異常洗掘の状況から、安定性を評価する。

4．代表的な対策工法

堰体では流水の影響の有無により適用できる工法が異なる。流水の影響を受けない堰柱上部や管理橋などでは表面処理工法（モルタルライニング工法や含浸材塗布工法）、ひび割れ補修工法（表面処理工法、注入工法、充填工法）が効果的である。一方、流水環境下にある洪水吐や固定堰などでは表面打ち替えが一般的である。

エプロン部の空洞対策としてはグラウト注入工法、遮水工増設工法、石礫間詰め工法が一般的である。

また護床工の流出・沈下対策としては副堰堤などの補助構造物による減勢工法、護床ブロックの連結工法、河床材抑制工法が一般的である。

Q16　水路トンネルの機能保全

1．水路トンネルの分類と構造

水路トンネルは、水理特性からは無圧トンネルと圧力トンネルに、地山の地質区分からは岩トンネルと土砂トンネルに分類される。この分類の違いにより、トンネルの断面形状や覆工形式、施工方法が異なる。断面形状は、円形、馬てい形、ほろ形の3タイプに分類されるが、それぞれに異なる水理特性や構造特性を有する。これらの特性の違いを理解したうえで対策工法の選定を行う必要

がある。

2．トンネルの変状

　トンネルは地山からの土圧や地下水位の影響を強く受けるため、地山の状態の変化により生じた外力の変化が変状の原因となることが多い。NATM工法で施工されたトンネルの場合、地山変位が収束した後に覆工するため、覆工に外力が作用することはないのが一般的である。一方、矢板工法では、良好な地質の場合に空洞を残して施工することがあり、この空洞が水みちとなって地山強度の低下につながり、覆工の変状の遠因となる場合がある。

　トンネルで一般的に見られる変状は①ひび割れ②浮き・剥離③打ち継ぎ目の目ちがい④漏水⑤変形・歪み・沈下⑥鉄筋露出である。

3．トンネルの性能管理

　トンネルの変状は、地山や地下水条件、支保工の有無、支保工間隔等に応じて覆工の変状として現れる場合が多いので、覆工のひび割れや変形などに着目して性能管理を行う必要がある。またトンネルの安定性は、地山の安定性に依存している部分が多いので、地山が安定した区間か、地山条件や耐荷力に課題のある区間に位置するか、により区分して、区分された区間ごとに適切な性能管理を行う必要がある。

　地山が安定した区間では、土圧による影響が小さいため、覆工コンクリートの変状は、コンクリートの化学的浸食、塩害、中性化、凍害、ASRや摩耗といった内部要因に対応した性能管理を行うことが基本となる。一方、地山条件等に課題のある区間では、土圧により変状が進行することを前提にした性能管理が基本となる。

Q17　ポンプ設備の機能保全

1．ポンプ設備とその特徴

　ポンプ設備はポンプ本体に加えて、ポンプを駆動する原動機やポンプの運転を制御する設備など、さまざまな機器類により構成され、①ポンプ本体②原動機③弁類④補機設備⑤監視操作制御設備⑥電源設備に大別できる。

　ポンプ設備を構成する機器や部材・部品等は運転時間を重ねるごとに摩耗や腐食等の劣化が進行し、その性能の低下につながる。そのためコンクリート開水路などの一般的な農業水利施設とは異なり、機器の特性、設置条件、操作状況を考慮し、さらに揚水か排水かといった設置目的も勘案したうえで機能保全を実施する必要がある。

２．機能保全の方式

　機能保全とは、設備を常に使用可能な状態に維持する、あるいは故障・欠陥などから回復するための処置であり、その形式としては予防保全と事後保全に大別できる。

　予防保全は設備の使用中における故障を未然に防止し、設備を使用可能状態に維持するために、計画的に行う保全活動である。事後保全は設備の機能が低下もしくは機能停止した後に、使用可能状態に回復するための保全活動である。

　予防保全はさらに時間計画保全と状態監視保全に、事後保全は通常事後保全と緊急保全に分けられる。

（1）予防保全

　時間計画保全はあらかじめ計画されたスケジュールに基づき行う保全活動で、事前に定められた時間間隔で行う定期保全と設備が予定の累積運転時間に達した時点で行う経時保全に大別される。

　状態監視保全とは運転中の設備の状態を計測装置などにより監視・計測し、その計測値に基づき保全活動を行うものである。設備の状態を監視することで異常の早期発見や劣化の進行予測を行い、適期の対策実施につなげることを目指すものである。

（2）事後保全

　緊急保全は予防保全の対象とした機器や部材・部品等に対し行うものである。一方、通常事後保全は予防保全の対象としない設備を対象に適用する処置である。

３．ポンプ設備の機能保全

　ポンプ設備における機能保全は予防保全を基本とし、さらに機器や部材・部品等の不具合を前広に検知できるよう、状態を監視しながら兆候を捉えるため、状態監視を行うことが必要である。ただしポンプ設備全体を構成する多様な設

備の中には、設備の使用目的・形態および事故が発生することで失われる機能の大きさや復旧に要する費用の多寡を勘案すれば、事後保全のほうが適切な場合もある。例えば除塵設備や代替送水施設が確保可能な揚水設備、さらにはクレーン設備や換気設備などの付帯設備は事後保全による対応が適当である。

　一方、監視操作制御設備は、突発的に機能停止に至る傾向が強いため、予防保全の中でも時間計画保全を適用することが望ましい。

(3) 水管理

> Q18　水管理施設の概要と効果および水管理施設が具備すべき条件と技術
> 　　的留意点

1. 概要と効果

　水管理施設は、広大な受益地に及ぶ農業水利施設の巡視・点検の省力化、施設の運転操作の自動化を図るため、遠方監視・制御、情報伝達、集中管理等により、用水の取水および配水または排水を制御するためのシステムである。水管理施設を導入・活用することにより次のような効果が期待される。

・用水の有効利用（必要な量の貯水、取水等）
・用水の合理的配分または排水の合理的排除（時期的、地域的な需要量変動への対応等）
・施設の保全、災害防止（施設、機器の異常の早期発見等）
・管理費の節減（動力費や管理労務費の節減）や維持管理に係る要員不足の解消

2. 具備すべき条件と技術的留意点

　水管理施設は、その目的から、遠方監視・制御や集中管理が可能となるシステムとすることが望ましいが、土木構造物や機械設備等の他の施設と比べて耐用年数が短いこともあり、いたずらに高度なシステムを導入するのでなく、経済性や将来の管理体制、更新費用等を踏まえて、当該事業地区にとって最適な整備水準とする必要がある。また、基幹から末端までの施設系全体において合

理的で安全な制御を行うことが必要であり、例えば、自動制御不能時でも手動操作が可能な施設構造や、施設の異常時には現状を維持したり安全側で停止するフェイルセーフの思想による対応、あるいは警報等により管理者が速やかに介入できるようなシステムとすることも重要である。

Q19　水管理方式の概要と設定の考え方

1．概要

　水管理における供給主導型と需要主導型は、その言葉どおり、それぞれ供給側・需要側のどちらの意向が用水供給における量や時間の決定により強い影響を持っているかを区別するものである。具体的には供給主導型は上水道における時間給水の状態に当たり、需要主導型は配水場から各家庭の給水栓に至る管理に見られる状態である。需要主導型は通常は管路により実現される。

2．農業用水の場合

　これらの方式を農業用水に照らすと、次のとおりである。

　供給主導型では、供給側が作付状況や作目の生育状況、天候、過去の実績などの情報をもとに需要量を予測し、貯水量などの水源の状況を踏まえて供給量を決定する。開水路の水管理ではもっぱらこの方式がとられる。

　需要主導型は、土地改良区などの水路管理者が農業者の要望する必要水量を積み上げたうえで、貯水量や水路の通水能力を勘案して、供給側に供給量を要望する方式である。

　半需要主導型では、水路管理者からの要望量をもとに、供給量の決定は供給側が行う方式である。

3．設定の考え方

　いずれの方式が採用されているかは、当該地域の水利慣行やその成立経緯などに影響されることから、水理的あるいは水利的な条件ごとにどの方式を採用すべきということにはならない。いずれの方式を採用するにしても満たすべき条件は、末端の水需要に応じて用水を円滑に支障なく配分することである。そのため水路の構造（パイプラインか開水路か）、調整池等の調整機能の有無と

規模、需要量変動の規模、意図した水管理を確実に実現するための管理制御施設の機能、管理者の操作運転技術および投入可能な管理労力などを総合的に勘案して決定する必要がある。

（4）排水計画

> Q20　湛水被害防止のため農地排水を計画する場合における調査事項と計画策定の主な手順および計画策定に当たっての技術的留意点

1．農地排水計画に係る調査事項と計画策定の手順

排水計画を策定する場合、①対象とする地域の範囲や被害状況、②地域の気象・水文、地形・地質、③河川の状況、④排水の状況や排水慣行、⑤地域の土地利用、⑥営農状況、農家の意向等について調査を行う。

これらの調査結果をもとに、排水不良の原因を検討し、将来の営農・土地利用計画等を重ね合わせて事業を実施するうえで受益となる区域を特定する。

計画基準降雨に対する現況および計画上必要となる洪水排水量を推定し、受益区域における排水状況の診断を行って、計画洪水量を受益区域外に排除するために必要となる排水施設の規模や排水系統、排水方式等を決定する。

2．計画策定に当たっての技術的留意点

近年は、集中豪雨の増加に加え、水田利用の多様化（転作の拡大や作目の転換による水稲作から畑利用への転換）や流域の都市化等により、降雨に対する流出の応答が早くなり、湛水被害の発生が増加する傾向が見られる。計画策定に当たっては、最新の降雨データ等を用いて計画基準降雨を定めるとともに、排水不良箇所、原因等を検討し、既存排水施設の規模や排水系統の見直しなどを検討する。

都市化が進んだ地域では、特にピーク流出量が増加しており、ピーク流出を抑えるため、洪水の分散排水や地区内での一時貯留等も検討することが重要である。例えば、必要に応じ、地域の理解を得て田んぼダムの導入を進めるなど水田の貯留機能の活用も検討する。

> Q21　湛水被害が頻発している都市近郊の水田地帯において水田の汎用化
> を目的とした洪水時排水計画における計画基準内水位の設定方法および
> 洪水時排水計画の策定上の技術的留意点

1．計画基準内水位の設定方法

　洪水時の排水計画における計画基準内水位は、洪水のピーク水位が発生した際の許容上限水位であり、原則として受益区域内の最低ほ場面の標高で設定する。

　一般的な水田の排水計画では、30 cm、24時間以内の湛水を許容し、区域内の最低ほ場面標高に許容湛水深を加えた高さを計画基準内水位としているが、水田の汎用化を目的とした排水計画の場合には、計画基準内水位は無湛水として設定することが原則である。

2．洪水時排水計画の策定上の技術的留意点

　水田の汎用化を目的とした排水計画では、計画基準降雨により発生するピーク流量を湛水することなく安全に流下させることが必要である。このため、排水解析を行って湛水域の発生箇所や湛水時間の時間的変化、排水不良箇所、排水不良の原因等を分析し、既存施設の排水能力や排水系統の見直し等を検討する。

　なお、農地の汎用化や都市化などの土地利用の変化による流出量の増大に対しては、既存施設の改修・増強だけでなく、排水機場の分散化、放水路の建設、洪水調整池による地区内での一時貯留など、排水系統の広域的かつ抜本的な改良の検討も必要である。また、地域全体の排水改良および広域の排水管理という視点から、より経済的な排水方式や、排水施設が効果的かつ総合的に機能するような施設の設置、豪雨時の情報収集や施設の操作体制等を検討することも重要である。

> Q22　水田汎用化のため排水機場を計画する場合における調査・検討事項
> 　および排水機場の配置を検討するうえでの留意点

1．水田汎用化のための排水機場の計画

　水田の汎用化のためには、過剰な地表水および土壌水分の排除が必要である。そのため基準となる田面標高を設定し、この高さでは無湛水となることを計画上の基本的な条件とする。湛水状況の解析により地域の排水状況の現状分析と将来の予測を行うことで、この条件を満足する排水施設の規模等を決定する。

2．計画を策定するうえで調査・検討すべき事項

　湛水解析に必要なデータ、具体的には、地区の気象・水文、地形・地質、現況の土地利用と将来の開発要因、営農計画に基づく導入作物と許容湛水条件、排水河川の状況や河川整備に係る計画の内容、地下水の状況、現況排水施設の能力や排水系統などについて調査を行う。

　調査で得られた基礎データに基づいて湛水解析を行い、排水ポンプの規模の決定に必要な洪水時および常時の計画排水量、排水機場地点での内外水位差などの諸元を決定する。

3．排水機場の配置検討に当たっての留意点

　機場の位置については、排水河川と基幹排水路の合流点付近で基礎地盤が良好であること、経済的なポンプ運転が可能であること、排水機場や付帯施設の建設スペースが確保できること、などに留意して選定する。

　ポンプ等の施設に関しては、将来の維持管理や安全面を考慮してポンプの制御方式や配置計画を決定する必要がある。また、常時排水・計画洪水時の運転体制を考慮したポンプの組合せとすることに留意するとともに、ポンプの故障などに対するリスク管理の観点から複数台の設置についても検討する。

（5）ほ場整備

Q23　ほ場整備の目的と効果および水田の汎用化のための留意点

---

1. ほ場整備の目的と効果

　ほ場整備は、ほ場の区画形状の変更、農道・農業用用排水路の整備、土層改良、暗渠排水の整備等を通じてほ場の条件を総合的に整備・改良するとともに、換地の手法により農地の所有と利用に関する権利調整を行い、農業生産性の向上や農地の集団化、効率的な農業経営、望ましい農業構造の改善等を図るものである。

　ほ場整備により、大型・高性能機械の導入、乾田直播栽培などの省力化栽培技術の導入、水管理の効率化、労働時間の短縮などの生産性の向上のための基礎的条件の整備が図られる。また、農地の集団化や利用集積の進展、耕地利用率の向上、耕作放棄の防止、土地利用の整序化、非農用地の創設による地域の活性化等の効果が期待される。

2. 水田の汎用化のための留意点

　水田の汎用化とは水田を畑作物の栽培にも適したほ場に改良し、麦・大豆やその他の畑作物の作付け拡大を図ることであるが、このためには、排水性と耕作条件の確保が必要である。畑作物は一般に湿害に弱く、作物や栽培時期に応じて地下水位を適切に保つ必要がある。地下水位の高い水田や土壌の透水性が悪い水田では、地下水位を低下させるための排水路や暗渠排水の整備が必要となる。

　とりわけ大区画ほ場による大規模土地利用型農業を目指す場合は、区画の規模や排水条件、暗渠排水、地下かんがい等のかんがい方式、農業機械の利用計画、輪作体系等について十分な検討が必要である。

> Q24　水田のほ場整備計画における区画の規模と形状を決定する際に検討
> すべき事項および大区画整備の手法である畦抜き工法と道路抜き工法の
> 説明

1．区画の規模と形状決定の際に検討すべき事項

　水田のほ場整備計画においては、地域の地形条件、営農計画、大型機械の導入計画等を踏まえて、区画の規模や形状を検討することが重要である。

　一般に、区画は大きいほど、長辺が長いほど農業機械の作業効率は良くなるが、機械の連続走行可能時間や用水管理、地表排水、用排水路の間隔、水田の畑利用等を考慮して区画を設定することが必要である。また、耕区が大きくなるとほ場の均平精度確保が難しくなるため、ほ場の均平作業に適した機械の導入や営農による対策も併せて検討することが必要である。

2．畦抜き工法と道路抜き工法

　大区画ほ場への再整備を検討する場合、既存の農道や水路を活かすことで整備費用の削減が可能である。

　地形が平坦な場合は、区画長辺の畦畔を取り除いて短辺方向に区画を拡張し、現況の用排水路を活かす畦抜き工法が土工に係る費用の面からみても有利であり、平坦地における大区画化のための基本的な工法である。

　一方、傾斜地においては、畦抜き工法は土工量が増大し、また地形の湾曲等によっても制限されるため、傾斜方向には区画の拡大が困難な場合も多い。このような場合は、排水路をはさんで隣り合った区画を等高線方向に統合、拡大し、これにはさまれる道路を排水路に置き換える道路抜き工法の適用を考えることが必要である。

> Q25　ほ場整備の目的と効果および平坦地と傾斜地における区画計画の留意点

1．ほ場整備の目的と効果（※Q23の1．に同じ）

　ほ場整備は、ほ場の区画形状の変更、農道・農業用用排水路の整備、土層改

良、暗渠排水の整備等を通じてほ場の条件を総合的に整備・改良するとともに、換地の手法により農地の所有と利用に関する権利調整を行い、農業生産性の向上や農地の集団化、効率的な農業経営、望ましい農業構造の改善等を図るものである。

ほ場整備により、大型・高性能機械の導入、乾田直播栽培などの省力化栽培技術の導入、水管理の効率化、労働時間の短縮などの生産性の向上のための基礎的条件の整備が図られる。また、農地の集団化や利用集積の進展、耕地利用率の向上、耕作放棄の防止、土地利用の整序化、非農用地の創設による地域の活性化等の効果が期待される。

２．区画計画における留意点（※Q24より）

水田のほ場整備計画においては、地域の地形条件、営農計画、大型機械の導入計画等を踏まえて、区画の規模や形状を検討することが重要である。

一般に、区画は大きいほど、長辺が長いほど農業機械の作業効率は良くなる。そのため平坦地では、機械の連続走行可能時間や用水管理、地表排水、用排水路の間隔、水田の畑利用等を考慮したうえで、作業効率の向上を図るよう区画を設定する。ただし、耕区が大きくなるとほ場の均平精度確保が難しくなるため、ほ場の均平作業に適した機械の導入や営農による対策も併せて検討することが必要である。

一方、傾斜地では、平地と比べて経営規模の拡大や大区画化に制約があり、一般的な整備手法では事業費が増大することから、等高線方向に区画拡大を行うことで、極力土工量を減らしたり、農道や排水路の配置を最小限にすることを検討する。また、のり面保護などの農地防災対策を十分に行うことも必要である。

> Q26　大区画のほ場整備を行う際の留意点と再整備を計画する際の技術的留意点

１．大区画のほ場整備を行う際の留意点

大区画ほ場とは、一般には耕区の標準面積が50aから1ha以上を指す。こ

のため、地形が平坦でほ場の排水性が良好であるなどの、大区画水田として求められる物理的な要件を満たしていることに加えて、当該地域において経営規模拡大の可能性があることや、栽培技術の水準が高いことなどの大区画水田を活用できる社会的条件が整っていることも重要な要素である。

　耕区は大きいほど、また長辺が長いほど農業機械の作業効率は良くなるが、機械の連続走行可能距離や用水管理、地表排水、用排水路の間隔、水田の畑利用における利便性等を考慮して区画を設定することが必要である。また、耕区が大きくなるとほ場の均平精度確保が難しくなるため、レーザーブルドーザーなどの広範囲における均平作業に適した機械の導入や営農による対策の検討も必要である。

2．大区画ほ場への再整備を計画する際の留意点

　大区画ほ場への再整備を計画する場合、既存の農道や水路を活かすことで整備コストの削減を図ることが可能であるが、既存の区画が小規模である場合や水路の整備水準が低い場合は、既存の区画形態にこだわらず新たな区画割等を検討することも必要である。また、ほ区が均平で、既存の区画を統合して大区画のほ場に整備が可能な場合は、現況の用排水路を活かして畔抜き工法で大区画化を行うことも有効な方法である。

　このほか、地区の営農計画や大型機械の導入計画、共同利用施設へのアクセス等を考慮して、暗渠排水、地下かんがい施設の整備、道路の見直し等を検討することも重要である。

(6) 中山間地域

> Q27　中山間地域の特徴と生産基盤の課題および中山間地域でほ場整備を
> 　計画する場合の留意点

1．中山間地域の特徴と生産基盤の課題

　中山間地域は、国土面積の7割を占め、全国の耕地面積、農家戸数、農業産出額のそれぞれ4割を占めるなど、我が国の農業農村において重要な地位を占

めている。また、農林業の生産活動を通じて、国土の保全、水源のかん養、良好な景観形成等の多面的機能を発揮しており、国民にとっても重要な地域である。

　中山間地域は、傾斜地が多い地域特性から、農業生産条件は平地と比べて不利であり生産コストも高い。また、経営規模の拡大や生産基盤の整備が難しいところも多く、耕作放棄地や鳥獣被害の増加も課題である。

２．ほ場整備を計画する場合の留意点

　平地と比べて経営規模の拡大や大区画化に制約があり、一般的な整備手法では事業費が増大することから、直営施工も活用しつつ、地元関係者の創意工夫を反映し、地域の特色ある営農の展開等を目指したきめ細かな整備を検討することが必要である。

　例えば、等高線方向に区画拡大を行うことで、極力切り盛りを減らしたり、農道や排水路の配置を最小限にすることで事業のコスト縮減を検討する。また、のり面保護などの農地防災対策を十分に行うことも必要である。

　整備の難しいほ場については、例えばワサビの栽培など、特色ある営農の展開も念頭に適切な整備手法を検討する。棚田地域等では自然環境や景観の保全にも配慮して工法の選択を行うことも重要である。

Q28　中山間地域の農業農村振興対策と留意点

１．振興に向けた対応策の基本的な考え方

　中山間地域では今後人口の大幅な減少が懸念されることから、地域の経済を支える主要な産業である農業が持続的に営まれていくことが、地域の振興にとっては不可欠である。そのため地域資源を有効に活用した付加価値の高い農業の展開を目指していくことが必要である。

２．具体的な対策

（1）生産基盤の整備

　地形的な制約等の大きい農地等の生産基盤を有効活用するため、水利施設の整備やほ場条件の整備を図るとともに、耕作放棄地の解消に努め、また鳥獣害

対策を進める。また加工・流通・販売などに係る6次産業化施設の整備やアクセスの改善を図ることも有効な対策である。

(2) 生活環境や都市との交流基盤の整備

地域の振興のためには、そこに人々が定住していることが不可欠であり、そのためには安心・快適な生活を営めるような環境の整備が必要である。また都市との交流を通じた地域経済の活性化のためにも、都市住民にとっても快適な滞在環境を整備することで、交流基盤を確保することが有効である。

3. 留意点

中山間地域の振興のためには、国土や自然環境の保全などの地域が果たしている役割や経済的な効果について、広く国民の理解を深め、中山間地域を対象に実施されているさまざまな財政的支援策についての理解を広める努力を続けることが重要である。

(7) 農　道

> Q29　農道整備の目的と効果および農道の特質を踏まえた計画策定上の留意点

1. 目的と効果

農道は、農業機械の導入や農産物の運搬に不可欠な道路を整備することにより、農業生産性の向上、農産物の流通の効率化、農村地域の生活環境の改善等に資することを目的として、整備されるものである。農道は、農業生産から農産物流通に直接関わる道路として利用されるほか、農村地域の生活道路、一般交通のための道路としても利用される。

舗装した農道を整備することで、農作物の荷傷み防止、砂埃の防止等により農産物の品質向上が図られるほか、農作業や農産物流通の効率化が図られるなどの効果がある。また生活道路等として利用されることで生活環境の改善が図られるほか、都市と農村を結ぶ道路として、グリーンツーリズムなど都市と農村の交流促進等にも寄与する。

2．計画策定上の留意点

　農道は、主として農作業や、農産物、農業資機材の運搬等のための道路であり、これらの通行や作業が一般交通に優先することが特徴である。このため、農道の路線は、農作業から農産物の輸送作業までが一貫した流れとなるような配置とし、一般道路のバイパス的な役割が強調されるような配置は避けることが重要である。

　また、農道は高速車両と農業機械等の低速車両との混合交通となることや、農産物の積み下ろし、農業機械の旋回場所等として利用されるなど、利用形態の特殊性を十分に考慮して整備を計画する必要がある。

Q30　農道の路線配置計画策定上の留意点および県道等と平面交差する場
　　合の設計、施工上の留意点

1．路線配置計画策定上の留意点

　農道の計画に当たっては、事業の必要性、技術的可能性、経済的妥当性など土地改良事業の基本要件を満たすとともに、最高速度、傾斜・屈曲度合、安全性等を考慮して最適な路線配置とする必要がある。また、農道整備を契機として地域の活性化を図ることも重要な観点であり、関連施策と連携し、路線に沿って農産物の集出荷所や加工所、直売所、体験農園などの地域内外との交流拠点の創出についても検討する。このため、農家の意向を十分踏まえつつ、地域にとって効率的かつ最良な農道・道路網となるよう路線計画を描き、地域住民も含めた合意形成を図っていくことが重要である。

2．県道等と平面交差する場合の留意点

　農道と県道等との交差を計画する場合、交差点付近の見通しや地形などの道路の状況、県道等の交通の状況、沿線の土地利用の状況等の周辺状況の把握を行い、これらに基づいて交差点の詳細を計画する。

　交差点の構造については、道路管理者や都道府県公安委員会と協議・調整を行い、道路構造令に準拠して決定する必要があることに留意し、信号機や右折レーンの設置などに対応できるようにする必要がある。

　また、交差点の形状、枝数、交差角、間隔は交差の安全性、交通の円滑性等に決定的な影響を及ぼすことから、これらに十分に配慮して計画することが重要である。

> ### Q31　舗装厚決定のために必要な調査および舗装厚決定の手順

1．舗装厚決定のために必要な調査

　舗装厚の設計に用いる計画交通量は、大型車の一日当たり推定通過台数を用いるため、交通量調査により把握し、計画交通量区分を決定する。

　路線の地質状況については、ボーリング調査により確認を行うとともに、CBR試験により路床土の設計CBRを決定する。路盤材については、修正CBR試験により修正CBRを求め、路盤材の適否を判断する。このほか、路盤材の価格調査や、積雪寒冷地では必要に応じて凍結深の調査等を行う。

2．舗装厚決定の手順

　舗装厚決定の主な手順は以下のとおり。

①舗装厚の目標値の決定：設計CBRと計画交通量区分により、目標とする舗装厚と合計厚を求める。

②各層の厚さの決定：経済性や施工性を考慮して舗装構成を決定し、上層、下層の路盤構成ごとに各層の厚さを決定する。ただし、表層は、計画交通量に応じた最少厚さを確保する。

③舗装構成の決定：各層の厚さに、使用する路盤材料に対応した等値換算係数を乗じ、その和により舗装の等値換算厚を求める。また、各層の厚さの和により合計厚を求める。舗装の等値換算厚が目標とする舗装厚以上、合計厚が目標とする合計厚の80％以上を満足するように設定し、また、力学的釣り合い、施工性、経済性を考慮して舗装構成を決定する。

(8) ため池

Q32　ため池の現状と課題および保全対策の事例と留意点

1．現状と課題

　ため池は全国に約21万か所、平野部から山間部まで広く分布し、農業用水の水源としての機能に加え、ため池を含む周辺地域に二次的自然空間を形成し、生態系の保全、親水機能、良好な景観の形成等の多面的機能を発揮している。

　ため池築造の歴史は古く、受益面積2 ha以上のため池のうち江戸時代以前に造られたものは約7割に及んでいる。ため池の多くは地元の水利組合等によって管理されており、受益農家の減少・高齢化等により管理の粗放化も進んでいる。

　決壊した場合に人命・人家に影響を及ぼすおそれがあり、老朽化、下流への影響、ため池の規模等を基準に判定すると、点検の強化や改修、ハザードマップの作成、耐震性の照査などの何らかの対策が必要なため池は約1万4千か所にも上る。

2．保全対策の事例と留意点

　ため池の安全性に重大な影響を及ぼす事象としては、堤体、基礎地盤などからの漏水、堤体のクラックや変形がある。漏水については、漏水箇所、にごり具合、時間的な変化に着目して、老朽化の程度や改修の必要性を判断し、適切な漏水防止対策を行う。また堤体積の減少や上流保護工の破損、洪水吐の断面不足や余裕高の不足については、機能診断等に基づき適切な改修等を行う。

　なお、近年の地震の多発化を踏まえ、耐震診断を行って必要な改修や補強を検討することも必要である。

> Q33　リスク管理に基づくため池の被害軽減対策の基本的な考え方および
> 　　　手法

1．被害軽減対策の基本的な考え方

　近年、豪雨、大規模地震等の自然災害が増加する傾向にあり、ため池においても被災する事例が多数発生し、農村生活の安全・安心や農業生産に大きな影響を及ぼしている。

　農村地域の都市化・混住化の進展に伴い、ため池が決壊した場合は、人命、人家、公共施設等にも大きな被害を及ぼす危険性が増大している。そのため、ため池の被災防止を図ることは、農業生産の維持、農業経営の安定のみならず、農村地域の人命・財産を守り、国土保全にも資するものである。

　ため池の被害軽減対策については、被災の危険度、被害想定等のリスク評価に基づく施設の改修などを計画的に進めるなどのハード対策および避難場所の確保や避難経路の確認と周辺住民への周知などのソフト対策を組み合わせて進める必要がある。

2．被害軽減対策の手法

　築造年代の古いため池は、耐震強度が低い、洪水を安全に流下させることができないなどの構造的な問題を抱えている場合もあり、抜本的な改修が必要なものが多い。一方、予算の制約や、対策は調査・計画・施工と段階的に進められることから、改修には一定の期間を要する。そのため、施設の機能診断とリスク評価に基づき、ため池の被災リスクや被災時の周辺への影響度からため池の重要度を評価し、優先順位をつけて、計画的に整備を進める必要がある。

　また、ため池の整備と並行して、被害の想定範囲、避難場所を図示したハザードマップの整備や、防災情報伝達・監視体制の整備など、ハード・ソフト対策の組合せによる総合対策を実施することが重要である。

Q34　ため池の損壊に対するリスク管理の基本的な考え方および被害軽減
　　対策

1．リスク管理の基本的な考え方
　近年、豪雨、大規模地震等の自然災害が多発傾向にあり、ため池の損壊など
の被害が発生し、農村生活の安全・安心や農業生産に大きな影響を及ぼしてい
る。
　農村地域の都市化・混住化の進展に伴い、ため池が決壊した場合は、人命、
人家、公共施設等にも大きな被害を及ぼすおそれがある。そのため、ため池の
損壊事故などの災害防止は、農業生産の維持、農業経営の安定だけでなく、農
村地域の人命・財産を守り、国土保全にも資するものである。
　ため池損壊のリスク管理については、被災の危険度や被害想定等のリスク評
価に基づいた改修などハード対策の計画的な進捗とハザードマップの整理や避
難経路・場所の設定などのソフト対策を組合せ、広域的・総合的に進める必要
がある。
2．被害軽減対策
　築造年代の古いため池は、耐震強度が低い、洪水を安全に流下させることが
できないなど、抜本的な改修が必要なものも多い。このため、予算の制約や対
策には一定の期間を要することも考慮して、施設の機能診断を通じた、ため池
の被災リスクの評価や被災時の周辺への影響度から対策の必要性・緊急性によ
る優先順位を評価したうえで、計画的に整備を進める必要がある。
　また、ため池の整備と並行して、被害の想定範囲、避難場所を図示したハ
ザードマップの整備や、防災情報伝達・監視体制の整備など、ハード・ソフト
対策の組合せによる総合対策を実施することが重要である。

【解説】
　　平成25年度の出題を想定して準備したQ33の解答例を、平成26年度の
　　出題に合わせて部分的に修正して対応したもの。

（9）地すべり

Q35　水食の形態と要因および水食防止対策

1．水食の形態と要因

水食の形態とその要因は以下のとおりである。

・面状浸食：土壌の表面の下を水が流下し、表土を面状に運び去る現象。

・リル浸食：地表流出水が細かく分かれた水みちを流れ、地表に細かく浅い溝を作る現象。

・ガリ浸食：リル浸食を放置することで溝が拡大したり、流出水が集まって深い谷状の溝を作る現象。

・浸潤による崩壊：火山灰性土壌、特にシラス台地の斜面で見られる現象で、土壌に浸透した水が斜面の中腹や下端から流出して斜面を崩壊させる。

水食の規模や進行速度などは、降雨量（降雨強度）、融雪などの気象条件、地形・地質、土壌の条件、植生などの地表の被覆状態の影響を受ける。

2．水食防止対策

水食防止の原則は、降雨の地下浸透を促し、地表流出を少なくすること、地表流出水の流速を小さくすること、集中する水を安全に排除するため排水路網を整備すること、土壌の耐食性を高めること等である。

具体的には、等高線栽培、草生栽培、マルチング、土層の改良、適当な輪作・間混作などの営農面での対策と、承水路・排水路の系統的配置、ほ場の勾配修正、整地、暗渠排水、のり面の植生保護、沈砂池・砂防ダムの設置、ガリ防止工などの土木面での対策がある。

Q36　地すべりの内容や要因および対策の考え方

1．地すべりの内容や要因

地すべりは、土地の一部が地下水などに起因してすべる現象またはこれに伴って移動する現象をいい、地質構造運動に伴う亀裂やすべりやすい地層の存

在などの地質的条件に、降雨、浸食、地震などの要因が重なって発生する。

地すべりの種類は、地質条件に基づく分類では、第三紀層地すべり、破砕帯層地すべり、温泉地すべりに分かれる。また、地すべり土塊の質による分類では、岩盤地すべり、風化岩地すべり、堆積土地すべり、粘質土地すべりに分かれる。

2. 対策の考え方

地すべり対策には、地すべりを促す要因の除去または軽減によって間接的に地すべりを安定させる抑制工と、地すべりに対する抵抗性を付加することによって安定させる抑止工がある。前者には地表水排除工、地下水排除工、浸食防止工、斜面安定工が、後者には杭工、シャフト工、アンカー工、擁壁工がある。

対策工法の選定に当たっては、地すべりを長期的に安定させるため、抑制工を中心に対策を講じることが基本である。人家や公共施設が存在するなど、地すべり活動を緊急的かつ確実に停止させる必要がある場合は、抑制工と併用して抑止工を採用する。

また、地すべりが活発な場合は、抑制工で活動を鎮静化させ抑止工で確実に停止させるなど、地すべりの状況や工種の特徴を踏まえて適切な工種を選定する。

なお、地下水排除工は施工箇所周辺の地下水位を低下させることから、井戸等により地下水を利用している地域にあっては、井戸水の枯渇等が生じる可能性があり、施工箇所や規模については慎重に検討する必要がある。

Q37　地すべり対策工法選定の基本的考え方および具体的工法の説明

---

1. 地すべり対策の考え方

地すべりは、土地の一部が地下水などに起因してすべる現象またはこれに伴って移動する現象をいい、地質構造運動に伴う亀裂やすべりやすい地層の存在などの地質的条件に、降雨、浸食、地震などの要因が重なって発生する。

地すべり対策には、地すべりを促す要因の除去または軽減によって間接的に

地すべりを安定させる抑制工と、地すべりに対する抵抗性を付加することによって安定させる抑止工がある。

　対策工法の選定に当たっては、地すべりを長期的に安定させるため、抑制工を中心に対策を講じることが基本である。人家や公共施設が存在するなど、地すべり活動を緊急的かつ確実に停止させる必要がある場合は、抑制工と併用して抑止工を採用する。また、地すべりが活発な場合は、抑制工で活動を鎮静化させ抑止工で確実に停止させるなど、地すべりの状況や工種の特徴を踏まえて適切な工種を選定する。

2．主な対策工法とその内容

　主な対策工法を次図に示す。

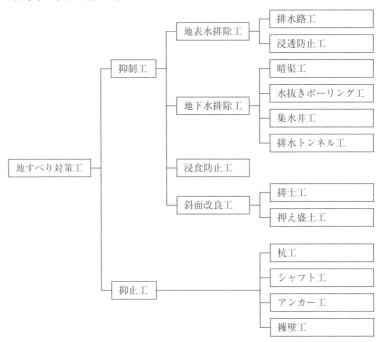

　地表水排除工は、地表水の地下浸透を抑え、速やかに排除するもので、そのうち浸透防止工では、地表の亀裂などの特定の部位からの地下浸透を防止するものである。

　地下水排除工のうち、暗渠工は浅層部の地下水位を低下させ、また深部への浸透を排除するために施工する。水抜きボーリング工は、さらに深部から地表

への排除を行うものである。集水井工は、ボーリングでは届かない深部の地下水を集水井からの横ボーリングにより排除するものである。排水トンネル工は、地すべりの規模が大きい場合に、他の工法と組み合わせて用いる。

浸食防止工は、地すべりブロック末端部などの浸食防止を目的とした工法である。

斜面改良工のうち、排土工は不安定な地すべり斜面の頭部を除荷することで斜面全体の安定化を図る工法である。また押え盛土工は、斜面下部の盛土により滑動に抵抗する工法である。

抑止工のうち、杭工は地すべり土塊を貫いて基盤中に杭を設置し、滑動力を基盤に受け持たせる工法である。シャフト工は、杭工の施工が困難な場合や杭では土圧に抵抗できない場合に用いる。アンカー工は基岩と地すべり土塊をアンカーで結び、アンカーの引張力で滑動に抵抗するものである。擁壁工は、法（のり）先の崩落を防ぐことで地すべりの誘発を防ぐものである。

【解説】

Q36を再構成し、必要な情報を追加することで、題意に適切に対応した解答としている。専門的事項ごとに基本的な解答パターンを用意することで、題意に沿って幅広く対応する一例としてご覧いただきたい。

また解答に図表を盛り込むこと自体は認められているため、工法を列記するよりも体系的に整理したほうがわかりやすいと考え、あえて樹形図を用いた例示としている。ただし答案用紙1枚の専門知識を問う問題で図表を用いることは、記述量を圧迫することもあり、注意が必要である。

Q38 のり面保護工の留意点および造成地や周辺を災害から守るための対策

1. のり面保護工の種類と留意点

のり面保護工は、のり面緑化工（植生工）と構造物工に大別される。のり面緑化工には種子吹付工、植生シート・マット工、張芝工、植栽工など、構造物工には金網張工、柵工、プレキャスト枠工、モルタル・コンクリート吹付工、

石張・ブロック張工、擁壁工がある。

　植生工は、地区の土質・地形条件を考慮して施工し、緑化する地域の特性に適した植生の種類を選定する。自然環境保全の観点からは、安易な購入資材の導入による移入種の侵入を避けるため、現場および周辺に生息する植物を用いることも重要な視点である。また植生の生育期間や育成までの維持管理についても検討が必要である。

　構造物工は経済性や美観の点で植生工に劣るため、植生工では安定性の点で不十分な場合に適用することを基本とし、植生工との併用についても検討する。

　長大なのり面になる場合は小段の設置を、のり面の湧水に対してはドレーン・暗渠による排水を検討する。

2．造成地や周辺を災害から防止するための対策

　造成地からの排水・土砂流出による周辺への影響を抑制するため、周辺の事前調査を行うとともに、地区外からの排水の流入を極力防ぎ、谷部・湧水部には暗渠排水等を施工し安定化を図る。また雨水の滞留を起こさないよう、所定の表面勾配になるよう修正を行う。造成地からの土砂・排水の流出を防ぐため、土壌面の保護や排水路の設置、ガリ防止工など、当該地域の気象、地形、土壌条件に応じて適切な工法を選択する。

（10）農村環境関連

Q39　環境配慮が求められる背景、必要性および留意点

1．環境配慮の背景と必要性

　農業は、食料の安定供給という役割に加え、物質循環により、環境と最も調和した産業として水と緑豊かな国土の形成と保全に貢献している。これらの公益的・多面的な機能は、そこに定住している人々による適切な農林業の活動を通じて維持増進され、農村の住民のみならず都市住民を含めた国民全体に利益を及ぼしている。

　これらの農業や農村の果たしている役割に対する理解が進み、農業・農村の

環境は経済、環境、社会の側面から国民全体の資産でもあるという国民意識が高まっていることを背景として、農業農村整備事業においても、総合的・効率的な環境保全対策による環境配慮が求められている。

2. 環境配慮の留意点

　農業農村整備事業で対象とする自然環境は、景観、生活、文化と密接に関わりあって形成されていることから、人の営為によって維持されている二次的自然の保全・回復、生物多様性や生態系の保全・確保を図ることが重要である。

　計画策定に当たっては、周辺環境の調査を踏まえ、回避、最小化、修正、影響の軽減・除去、代償というミティゲーション5原則に基づいて、事業への影響や整備費用、維持管理等の点から適切かつ実施可能なものを選択する。また、地域が環境を自らのものと受け止め、維持管理への地域住民の参画などについて合意形成を図ることも重要である。

Q40　生態系配慮の基本的考え方と留意点

---

1. 基本的考え方

　農村は里地・里山に代表されるように人による働きかけ（生産・経済活動）を通じて自然環境が適度な撹乱を受けることで良好な環境が維持されている二次的自然の中に存在している。この二次的自然は、古くは我が国に農耕文化が根付いた弥生時代から、生産・経済活動の大半が人力を主体としていた昭和の前半までに至る悠久の時の流れの中で、極めて緩やかに変容し、人と自然が共生する世界を形成している。

　そのため土木工学的アプローチを中心とした近代科学技術のうえに立脚する農業農村整備の実施に当たっては、この人と自然の関係を尊重したうえで、従前から存在している地域の生態系を激変させることや修復不可能なレベルの甚大な負のインパクトを与えないことが、考え方の中心となると考える。

2. 留意事項

　留意すべき事項は生態系を構成する動物相・植物相などの地域の特性により異なり、多様で複雑なため、一般論として網羅することは極めて困難である。

そのため留意すべき事項を例示し概説する。

（1）環境に配慮するうえでの原則

　ミティゲーション5原則と呼ばれる環境配慮の方法で、その具体的な内容は回避、最小化、修正、軽減・除去、代償である。適用に当たっては回避が可能かどうかを十分検討したうえで、不可能な場合は次の選択肢の可能性を順次検討し、最も適当なものを選定する。代償はやむを得ない場合のみの措置とすべきである。

（2）生物の生息・生育環境に配慮するうえでの留意事項

　生物はその生活史の中で環境への依存の度合いは必ずしも一定ではない。例えば水棲生物のうちモリアオガエルの場合、産卵・ふ化から幼生（オタマジャクシ）の間は水中で生活するが、成体になればもっぱら樹上生活を送るのは、端的な例である。そのため、事業を通じて保全を検討すべき種を定めたうえで、当該種の生活史に応じた生育環境（ハビタット）を用意することや、それぞれの環境を円滑に移動できる移動経路（コリドー）で構成されるエコロジカルネットワークの形成を意識する必要がある。

（3）維持管理上の留意事項

　農業農村整備により造成・改築される施設は、一義的には農業生産性の向上や農村住民の生活環境の改善に資するものであり、事業の原則に従い、基本的には受益者の負担により維持管理が行われる。そのため維持管理上の経済的・人的負担を常に意識しながら環境配慮のための対策を実施することは、最も留意すべき事項の一つである。そのための手段として、計画段階からの住民参加による対策内容や水準の決定と管理体制の構築準備も不可欠である。一方で、生物や自然などの不確実性を伴う対象を取り扱うことから、対策の効果を見ながら対策自体を柔軟に変更することで、より適切な対策を実現しようとする、いわゆる順応的管理を導入することも必要である。

【参考：エコロジカルネットワークの例】
- 生息生育の核となる拠点地区／同環境を保全再生し分布域を拡大する地区／移動空間となる回廊／緩衝帯
- 河川／幹線用水路／小用水路／水田・水路／水田／ため池

Q41　景観配慮が求められる背景、必要性および留意点

1．我が国の農村は水田等の農地、雑木林や鎮守の森、用水路、ため池といった二次的な自然が有機的に絡み合い、多様な生態系や良好な景観を形成している。この水田を基調とする美しい自然や景観は二千年に及ぶ稲作を背景として成立し、日本人の原風景となっている。一方、農村は農業の生産の場、農村に暮らす人々の生活の場でもある。そのため環境や景観の保全のために、盲目的に現状を維持しようとするのではなく、現在の農村景観が形成されてきた歴史的背景を踏まえたうえで、農業の生産性の向上や農村に暮らす人々の生活環境の向上との両立を図りつつ、整備を進めることが基本と考える。

2．このような基本的な考え方を的確に反映するうえで留意すべき点は次のとおりである。

（1）デザインコードの活用

　景観構成要素の視覚的な約束事であるデザインコードを活用することで、景観の特性を踏まえた整備に努める。

（2）視点場の設定

　まなざし量（見る頻度）の多い場所を中心に、複数の視点場を設定し、景観への影響を多様な視点から検討する。

（3）景観配慮の原則に沿った検討

　「除去・遮蔽」「修景・美化」「保全」「創造」の4段階の景観配慮の原則に沿って適切な対策となるよう努める。

（4）住民参加による計画策定

　地域住民は農業の担い手として、また農村の居住者として整備による便益を享受する者である。また良好に保たれた地域の景観からも便益を享受する立場にあるとともに、地域景観を維持・保全している主体である。事業の効果を最大限に発揮し、事業完了後の施設や景観の維持保全を適切に実施するうえで、地域住民の意向を十分に踏まえることも不可欠である。

> Q42　バイオマスの種類と特徴および活用に向けた課題

1. 概要

　廃棄物系では①家畜排泄物②下水汚泥③食品廃棄物が、未利用系では④稲わら等の農作物非食用部⑤間伐材や建設発生材等の木質バイオマスが、農村部に一般的に存在するバイオマスである。

2. 共通の課題と対応

　バイオマスは地域に広く薄く存在している。そのため広域に存在するバイオマスをいかに効率的・安定的かつ低コストで確保するかが、バイオマスの利用を実用化するうえでの鍵である。既存の収集運搬システムの活用が可能な廃棄物系バイオマスを中心に回収を図ることが当面の対応となる。また多様なバイオマスの混合利用・組合せによる利用を進めることで、原料の安定確保に寄与できると考える。

3. 種類ごとの課題と対応

(1) 家畜排泄物

　現状では約9割が発生源近傍の農地において堆肥として利用されている。北海道東部など畜産業が盛んな地域では堆肥としての需要をはるかに上回る発生量があることから、エネルギー利用を推進する必要がある。

(2) 下水汚泥

　下水汚泥は有機分が多く生分解性に優れるうえ、下水処理施設に集積されるため、利用価値が高いが、現実には過半（8割弱）が建設資材として利用されており、エネルギー利用は13%にとどまっている。大量に発生する都市部はエネルギー消費が大きいため、利用価値が高いが、農村部はエネルギー需要が限られていることから、集落排水施設で発生する下水汚泥の有効活用を進める必要がある。

(3) 食品廃棄物

　家畜排泄物等に比べてエネルギーポテンシャルが高いが、再生利用は約3割弱で、残りは焼却・埋め立て処分されているため、有効利用が期待される貴重なバイオマスである。処分場の逼迫などの理由から利用を進める必要があるが、

飼料や堆肥への再生利用は、分別や需給のマッチング等の問題がある。

Q43　再生可能エネルギーの導入計画と留意すべき事項

1．調査・検討すべき事項

　再生可能エネルギーのうち農村において実用レベルで電力生産が可能と考えられるものとしては①中小水力発電②太陽光発電③バイオマス発電④風力発電が挙げられる。これらのエネルギーの持つ特徴や利用可能性を踏まえたうえで、どのエネルギーを対象とするかが調査・検討の第一歩となる。

　具体的にはエネルギーごとの地域における大まかな賦存量を把握することとなる。水力発電であればダムや堰による落差と流量および取得済みあるいは取得可能な水利権量の把握、太陽光発電であれば十分な日照時間の確保できる発電適地、バイオマスであれば家畜排泄物や下水汚泥などの安定供給が可能な資源量、などの基本的な情報をもとに、開発対象を絞り込むこととなる。この場合、複数のエネルギー源を組み合わせて開発・利用することも選択肢である。

　計画の初期段階で需要についてもある程度の目処をつけておくことも重要である。農業水利施設の管理にかかる電力として利用するのが一般的であるが、需給の時間的な不整合に対応するため、新たな需要先の可能性の検討や余剰電力の売電による対応も念頭に置いた調査・検討が望ましい。

2．計画立案の手順

　計画の立案に当たっては次に挙げる事項を順次検討・決定していくこととなる。

　　　開発適地の選定と発電可能量の概定
　　　施設の概略設計と概算工事費の算定
　　　供用期間中の維持管理費の概定
　　　費用便益（B／C）の算定に基づく事業化の決定と維持管理に掛かる計画の
　　　立案

3．留意すべき事項

　再生可能エネルギー関連に限らず農業農村整備事業により造成される施設は、

完成後は受益者である土地改良区が管理するのが基本である。そのため常に管理者の負担を意識することは、最も留意すべき点と考える。この場合の負担は管理費等の経済的負担のみならず、施設の良好な管理に必要な技術的な対応やそれに要する人的資源の量と質を含めて考える必要がある。

　具体的には、設備や機器の選定に当たっては①初期費用より維持管理費の低減を意識する②点検補修等に特殊な技術や装置などを要しない構造・形式のものを優先する③可能であればメインテナンスのサービス体制を含めた評価による調達を計画するなどが考えられる。

> **Q44　再生可能エネルギー（のうち一つを選んで（太陽光発電を例示））**
> 　　導入計画と留意事項

　再生可能エネルギーのうち立地条件等の制約の少ない太陽光発電について述べる。

1. 調査・検討すべき事項

1) 開発適地の選定

　太陽光発電は光のエネルギーを電力に変換することから、十分な日射量が得られることが必須条件である。一日の太陽の動きだけでなく、季節により太陽の高度や運行経路が変動することも考慮に入れて遮蔽物がなく長い日照時間が得られる場所が候補地となる。

2) 発電可能量の概定

　発電量の多寡はB／Cに大きく影響する重要な要素であるが、NEDOが公開している日射量データベースを活用することで、市町村単位程度の範囲での発電可能量が比較的簡便に概定できる。これを実施することで事業化の可能性を大まかに検討し、計画の早い段階で事業化の可否を判断することが必要である。

2. 計画立案の手順

　計画の立案に当たっては次に挙げる事項を順次検討・決定していくこととなる。

　　開発適地の選定

　発電可能量の概定

　施設の概略設計と概算工事費の算定

　供用期間中の維持管理費の概定

　費用便益（B／C）の算定に基づく事業化の決定

　詳細設計と工事計画の策定

　維持管理に掛かる計画の立案

3．留意すべき事項

1）適地の検討に当たって

　日照面では有利な広く開けた土地は、強い風が吹き渡る場所の可能性がある。太陽光パネルへの日光の入射角が垂直に近いほど発電効率が高くなることから、通常、パネルは一定の傾斜をつけて設置される。パネルの背面から強い風が吹くような場所の場合、パネルの保護や架台の補強が必要となるので、注意が必要である。

2）影の影響

　太陽光パネルは複数のセル（発電の最小単位）が直列に接続されたモジュールを構成しており、セルに影が差すとモジュール全体に影響し、発電量が大幅に減少する。そのため可能であれば周辺の立木を伐採するなど影の影響についての対策を検討する。

3）地域特性に応じた検討

　降雪地帯では積雪による発電量の減少を見込むとともに、融雪対策の検討が必要である。また太陽光パネルは高温になると発電効率が低下するため、温暖地では夏期の温度管理を検討する必要がある。

4）供給先や方法の検討

　近傍に消費先があったとしても太陽光発電は天候により発電量が変動する特性があることから、需給調整が生じる。そのため既存の送電網を利用した系統連携により需給調整や売電を行うことが合理的な場合も多い。この点で既設送電網との接続も開発適地の条件となる。

（11）その他

> Q45　農業集落排水施設の目的、特徴および資源循環に配慮した計画策定
> 　の留意点

1．農業集落排水施設の目的・特徴

　農業集落排水施設は、農業集落におけるし尿、生活雑排水などの汚水、汚泥を処理する施設であり、農業用用排水の水質保全、農業用用排水路の機能維持、農村生活環境の改善を図り、併せて公共用水域の水質保全に寄与することを目的としている。

　農業集落排水は、農業振興地域内の農業集落を対象にしており、主に市街地を対象とする公共下水道や下水道法の認可を受け事業計画に定められた予定処理区域を対象とする合併処理浄化槽が処理する区域以外が対象である。また農業集落排水は小規模分散方式、公共下水道は大規模集中方式、合併処理浄化槽は個別処理方式であり、整備方式も異なる。

2．資源循環に配慮した計画策定の留意点

　公共下水道と異なり、処理水の水質に問題が少ないことから、農業用水の不足などで苦慮している地域では農業用水として再利用できないかを検討する。

　また、汚水処理施設で発生した汚泥は、農作物に有用な成分が多く含まれており、脱水・乾燥、コンポスト化などの処理を経て、周辺農地への還元を行うことが資源の循環利用の観点からも必要である。このため、周辺の営農状況や土地利用計画を踏まえて必要還元汚泥量を把握し、需給計画等を検討して、最適な汚泥の再利用計画を立てる。また、地域住民への普及啓発、循環利用推進体制の整備も重要である。

> Q46　施工管理の目的および管理工程における留意点

1．施工管理の目的

　施工管理は、所定の工期内に、目的を満たす工事を安全かつ経済的に完成さ

せるため、工事現場の運営管理を総合的に実施するものである。

2．管理の工程ごとの留意点

①工程管理：当初計画した工程計画と実際の工事の進捗状況を比較し、工程の遅れの原因分析、工期短縮のための変更対策検討など、工期内に工事が完成するよう進捗を管理する。クリティカルパスやボトルネックとなる工種の洗い出しなどを検討する。

②品質管理：最終の品質管理だけでなく、プロセスの管理を行うことで、品質不良の原因追及や発生防止が可能となる。統計的手法を活用して分析・管理を行う。

③出来高管理：出来上がった施設等の測定や施工過程での写真撮影などにより、出来高を把握するとともに、施工の精度、施工技術の水準をチェックし、その後の工事の管理に役立たせていくものである。

④安全管理：作業員や第三者に対する安全確保や公害防止のために行う管理であり、KYT運動、ヒヤリハット活動等の活動は事故の未然防止に有効である。

⑤原価管理：合理的な原価を計上し、当初予定した原価と実際の原価を比較するなどして、最終的に最適な工事原価とするための管理であり、常に俯瞰的な分析・把握を行い、改善につなげていくことが重要である。

Q47　農業用ダムの安全性評価

1．従前の取組

　農業用ダムは、その多くが供用後20年以上を経過しており、経年的な劣化の進行やこれに伴う性能低下、あるいは地震等の外力による施設機能の損失が懸念される状況にある。そのため農林水産省では、堤体外部からの目視、計測や埋設計器の観測データ等を活用した診断手法を「農業用ダム機能診断マニュアル」としてとりまとめ、農業用ダムの機能診断を順次実施してきた。

2．東日本大震災を踏まえた新たな対応

　機能診断の対象となったこれらの供用中の農業用ダムは、震度法により設計されており、既往の大規模地震においても貯水機能の喪失に陥ることなくその

安全性が維持されてきている。しかしながら東日本大震災の経験から、「想定外」の状況を許容できないという「想定外を想定する危機管理」の考え方が拡がることに加えて、ダムは被災することで周辺に甚大な被害をもたらす危険性があることや、ダムサイトの地形や地質、造成時の設計や施工時の状況はダムごとに異なることを踏まえ、ダムについてはレベル2地震動に対する耐震性能照査を進めることとなった。

3．評価の概要

　農業用ダムの安全性は、基準に沿って設計され施設が健全な状態を保持していることが前提となる。そのうえで地震リスクに対しては損傷を受けたとしても貯水機能が維持されることが必要である。そのため評価は、

①力学的・水理的安定性の観点から造成時の堤体や基礎地盤等の設計・施工内容の詳細を確認（設計の確認）

②設計・施工により期待されている性能が、経年的な劣化の進行やこれに伴う性能低下が生じていたとしても許容される範囲内にあるかを確認（健全性の確認）

③動的解析による耐震性能照査により、レベル2地震動に対する安全性を定量的に確認（耐震性能照査）

の3段階により行うことを基本としている。

　そのうえでこれらの評価内容を学識経験者等に諮り、工学的妥当性を客観的に評価することとしている。

4．安全性の確保

　さらに評価結果を踏まえて、将来にわたる定期的な健全性の調査・評価や性能低下に対応した適時の施設整備や耐震性の確保のための施設整備を実施することとしている。

Q48　農業用ダムの機能診断手法

1．概要

　ダムは用水供給のうえで非常に重要な役割を果たしており、仮に機能を喪失すれば経済的に大きな損失が生じるばかりでなく、損傷等が発生すれば下流への被害など社会的にも大きな影響を及ぼす重要な構造物である。その一方、国が造成したものも含めて多くの農業用ダムは管理委託という仕組みにより土地改良区により管理されている。そのため国により造成された農業用ダムの機能診断においては、管理者と施設の所有者である国が役割分担して実施することとしている。

2．診断手法

　点検とその結果に基づく調査という2種類の作業により、ダム本体および付帯する施設の諸機能について堤体外部から診断する。点検は日常点検、定期点検、臨時点検の3種類で、日常点検は年に1回程度以上の頻度で、ダムの管理者である土地改良区等の職員が日常的に行う。定期点検は土地改良調査管理事務所等の国の技術職員により数年に1回程度のサイクルで行うものである。これらの定常的な点検に対して、地震等が発生した際に臨時に行う点検作業が臨時点検で、この場合は管理者あるいは国の職員のいずれかが実施し、必要に応じて専門技術者の応援を得る必要がある。

　調査も点検と同様、3種類に区分される。日常点検において目視観察を中心に特に重要な変状の有無を確認するものを1次調査と称し、管理者が実施する。これに対し2次調査は国の技術職員が行う調査で、定期点検において実施するほか、1次調査の段階で何らかの変状が確認された場合に、変状に関する定量的な情報を収集したり、ダム機能の低下の有無を確認・把握するために実施する。2次調査でダムの機能低下に関連する変状が確認された場合には、専門技術者の協力を得て、機能低下状況の詳細を把握したうえで原因を究明し、対策実施の必要性を判断するため、詳細調査を実施する。

3．点検・調査項目

　具体的な点検項目や調査における着眼点・留意点はフィルダムとコンクリー

トダムで若干異なるが、基本的にはダム本体（堤体）、洪水吐、監査廊、観測施設・機器および貯水池内・堤体周辺部を対象とし、亀裂やはらみ出し、崩落などの変状や漏水の有無などを中心に確認する。また洪水吐の機能が損なわれていると越流によるダム本体の損傷の危険性が高まることから、点検等の機会を通じて洪水の流下を阻害する流木などの障害物を除去することも重要である。

Q49　土地改良施設における耐震設計

1．基本的考え方

土地改良施設の耐震設計においては、地震力を受けても施設がその機能を維持すること、構造物の倒壊による二次災害を生じさせないこと、経済的損失を極力抑制すること、を基本としている。そのうえで次のような考え方で耐震設計を進めることとなる。

(1) 地震動のレベル

耐震性能の照査に当たっては、レベル1およびレベル2と呼ばれる大きさの異なる2つの規模の地震動を用いる。この場合、レベル1とは対象となる構造物の供用期間中の発生確率が1〜2回程度である規模であり、レベル2とは発生が予想される最大規模の地震動である。

(2) 耐震性能の設定

レベル1地震動に対しては施設が「健全性を損なわない」ことを、レベル2地震動に対しては「致命的な損傷を防止する」ことが、設定する目標の基本となる。

(3) 重要度との関係

施設の重要度に応じて適用する地震動のレベルを決定する。なお重要区分が高くレベル2地震動で照査を行うとした場合は、レベル1とレベル2の2段階で検討を行う必要がある。

2．留意すべき事項

従来、土地改良施設の設計に当たっては震度法を主体とした耐震設計が行われてきた。これは施設の立地条件、用途、規模や社会的な重要度などを勘案し

たうえで、合理的と思われる手法を採用してきたものと理解できる。また小規模な開水路や農道などの施設は、地震による損傷がたちまち大規模な二次被害につながることは考えにくい場合も多い。一方、同じ土地改良施設であってもダムなどの重要構造物は地震による損傷の影響ははるかに甚大である。そのため耐震設計を進めるに当たっては、施設ごとの重要度や損傷による影響を勘案し、適切な手法を適用する必要がある。

Q50　i-Constructionの農業農村整備への活用

1．i-Constructionの導入背景と意義

　i-Constructionとは建設現場に情報通信技術（ICT）を導入することによって、建設産業全体の生産性向上を図り、魅力ある建設現場の実現を目指す取組である。

　我が国では少子高齢化の進展に伴い生産年齢人口の減少が避けられない中、建設産業においても、絶対的な労働力の不足に加えて、高齢化する技能労働者の後継者確保が困難な状況が生じつつある。また国を挙げての施策として「働き方改革」が進められている中、天候に工程が左右され工期末には十分な休日も取れないような業態からの脱却も建設産業における喫緊の課題である。一方でICTの急速な進化・発展はあらゆるものをインターネットでつなぐIoTを通じて、大量の情報の収集、情報処理の高度化、処理結果の瞬時のフィードバックなどを可能にしており、これらを建設現場に積極的に導入することで、建設現場の労働者の技能と労働力の不足を補おうとするものである。

2．i-Constructionの内容

　現在進められている具体的な取組は①ICTを活用した施工管理②ICTを活用した土工③コンクリート工の規格の標準化の3本柱である。

　施工管理においては、ドローンによる空撮画像を3次元処理した電子情報を設計図面として用いて、出来形管理も電子情報で行うことで建設作業の効率化と高精度化を図るとともに、以降の維持管理作業や他の建設現場にも活用することで、建設産業全体の生産性向上や品質確保を目指している。これまでも対

象工事を定めて試験施工を進めるとともに、出来形管理や監督・検査等の要領の整備が順次進められている。

　ICT土工は、GPS等の位置情報システムと電子情報による設計図面を活用して、バックホウやブルドーザーを制御することで、オペレーターの技能に依存せずに土工の精度向上と作業の効率化を目指すものである。こちらも建設現場への導入が進められているほか、工事積算要領の整備も進められている。

　コンクリート工の「規格の標準化」では、生産性向上を進めるための課題および取組方針や全体最適のための規格の標準化や設計手法のあり方についての検討が進められている。

3．農業農村整備に活用するうえでの留意点

　昨今の農業農村整備事業は施設の新設から更新へと重点を移しており、例えばかんがい期間中の通水を確保しつつ工事を実施する必要や、国土交通省の事業に比べて規模が小さいことなどの特性から、規模のメリットをそのまま享受できない条件にあることに留意が必要である。例えばICT土工は農地再編事業などの一定規模の面的広がりのある工事での導入を検討したり、農研機構などさまざまな機関で実用レベルの応用技術が開発されているドローンの利用など、適用可能な技術から順次取り込んでいくことが肝要である。

Q51　ICTの農業農村整備への活用

　近年、情報通信技術（ICT）はめざましい発展を遂げており、モノのインターネット化（IoT：Internet of Things）、ビッグデータ、人工知能（AI）などの新たな科学技術の進展が社会の課題解決と経済成長に大きな役割を果たすことが期待されている。農業農村整備の分野においても、これらのICTの導入への取組が進められており、具体的には以下のような技術・手法が実用レベルに達しており、今後、順次普及していくことが期待される。

1．携帯情報端末を利用した維持管理の効率化

　スマートフォンやタブレット端末などの携帯情報端末の高機能・高性能化は目を見張るものがあり、小型・軽量・長時間駆動が可能で、かつ高速データ通

信・高精度測位・写真および動画撮影の機能を備えていることから、農業農村整備においてもさまざまな場面での活用が順次実用化されている。特に地理情報システム（GIS）と組み合わせたうえで、水路や基幹施設等の農業水利施設の位置や諸元を電子データとして取り込んでおくことで、平時の維持管理において点検記録等の電子化による作業の省力化や事故発生に際し現地に急行する場合の移動経路の確認など、業務の効率化が可能となる。

2．ほ場レベルの水管理におけるモニタリングシステムの活用

　従来のリモートセンシング技術と組み合わせることで、ほ場レベルの気温、日照量、土壌水分量などを、細かくリアルタイムで観測することが可能となる。日々の用水管理の高度化が期待できるうえ、収集したデータを分析することで、営農作業の改善にも活用できる。

3．無人飛行機（UAV）による測量作業

　UAVにより撮影した画像を点群データとして処理し、3次元モデルを作成する手法もすでに実用レベルに達している。人手と時間を要する平面測量の代替手段といった基本的な活用方法に加えて、土砂災害現場など接近が困難な場所での状況把握と復旧に向けた簡易図面の作成や、地すべり地形の移動やのり面の変状などの定期的な観測への利用など、従来の測量作業を代替・補完・簡素化することで業務の効率化に寄与することが可能である。

（12）令和元年度以降の問題への解答例

Q52　農業用パイプラインの機構上からの分類と形式ごとの特徴

1．パイプラインの分類

　パイプラインはその機構、水圧、配管および送配水の各条件からさまざまに分類できる。

　水圧区分では高圧パイプラインと低圧パイプラインに、配管方式では樹枝状配管と管網配管に、送配水方式では自然圧式（自然流下式）とポンプ圧送式に分類され、ポンプ圧送式はさらに、配水槽式、圧力水槽式、ポンプ直送式に分

類される。

　機構上の分類はオープンタイプ、クローズドタイプ、セミクローズドタイプの3種類である。

2．オープンタイプの特徴

　開水路に準じた水路形式であり、余水はすべて放流されるから無効放流を防ぐためには調整池等を設ける必要がある。

　パイプラインの要所に自由水面を持つスタンドを配置するため、スタンド位置で減圧されることで口径が大きくなる傾向がある。

　水管理損失は開水路と同様大きい。

3．クローズドタイプの特徴

　上流から末端まで閉管路で流水が連続し、末端の給水栓を開くことにより所要の水量および水圧が得られる。

　同一配管系統中の一部の給水栓を開放すると、ただちに他の分水量に影響するという欠点がある。口径を小さくでき、急傾斜地ではオープンタイプより設置に要する費用は安くなることもある。

　水管理損失は少ない。

4．セミクローズドタイプの特徴

　下流側のバルブを開閉しない限り水の流動が生じないのでオープンタイプのような無効放流がない。

　クローズドタイプでは管路にかかる静水圧が大きくなりすぎる場合に、静水圧を抑える目的で用いられることが多い。

　フロートバルブを適当に設けることでクローズドタイプよりも低圧管の使用が可能となる。

　最末端を河川等に連絡しておく必要がないので、オープンタイプより放水施設費は少なくなる。

　水管理損失は少ない。

Q53　ファームポンドの規模決定において考慮すべき容量

1．時間差容量

　ファームポンドの基本的な機能は送水施設の容量と配水施設の容量の差異を吸収し、配水対象地区に安定的に必要水量を供給することである。そのためファームポンドが対象とするかんがいブロックにおいて1日に必要なかん水量からかん水中にファームポンドに流入する水量を差し引いた量、すなわち時間差容量、がファームポンドの規模において最も重要な容量である。

2．多目的利用のための容量

　作物の生育に必要な計画日消費水量に加えて、かんがい施設を多目的に利用する場合に必要となる容量を見込む必要がある。具体的には、例えば散水により凍霜害の防止を図る場合、凍霜害のおそれが生じる深夜から日昇後までの散水を数日間にわたり繰り返すことになり、これに必要な水量を施設容量として確保することになる。他に防除作業に要する水量も同様の扱いとなる。

3．かんがい作業の自由度を向上させるための容量

　上記1．および2．から求まる施設容量では、必要な最低限度の水量を確保することになるが、かんがいブロック単位での水利用の時間的な集中や変化に柔軟に対応できるよう自由度を確保することも望ましい。この場合、上記容量に一定の係数を掛けることで自由度とし、その係数としては一般的には2程度が用いられている。

Q54　コンクリート開水路の補修工法

　コンクリート開水路の補修工法は大別して、表面処理工法、ひび割れ補修工法、断面修復工法、目地補修工法に分類され、それぞれの工法の具体的な内容は次ページ図のとおりである。以下に工法の内容を列記する。

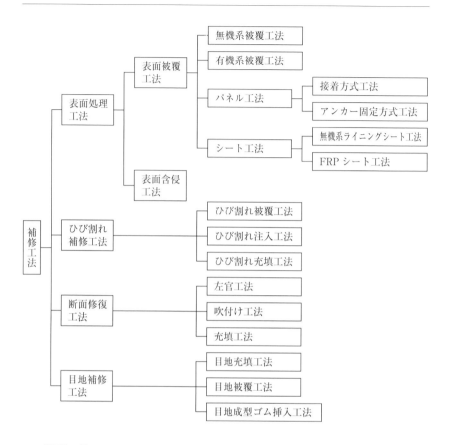

1．被覆工法

　水分や塩化物イオンなどの劣化因子の侵入抑制、漏水の遮断、通水性の改善を目的として既設開水路の通水面を被覆する工法である。被覆材としてポリマーセメントを使用する無機系被覆工法とエポキシ樹脂やポリウレタン樹脂を使用する有機系被覆工法に分類される。

2．パネル工法

　被覆工法と同様、水分や塩化物イオンなどの劣化因子の侵入抑制、漏水の遮断、通水性の改善を目的として高強度のパネルを水路表面に設置する工法である。パネルは、強化プラスチック複合板、硬質塩化ビニル板、レジンコンクリート板、繊維補強コンクリート板が用いられる。施工は接着方式またはアンカー固定方式にて行われる。

3. シート工法

　被覆工法と同様、水分や塩化物イオンなどの劣化因子の侵入抑制、漏水の遮断、通水性の改善を目的として薄膜状に成形されたシートを水路表面に貼り付け一体化する工法である。シート材の付着力を確保するためプライマーおよび接着剤を使用するのが一般的である。シートの材質により有機系のFRPシート工法と無機系ライニングシート工法に分類される。

4. 表面含浸工法

　コンクリート表層部の組織を改質し構造物の耐久性を回復させることを目的として、含浸剤をコンクリート表面から含浸させる工法であり、シラン系またはケイ酸塩系の材料が用いられる。

5. ひび割れ補修工法

　止水性の回復に加え劣化因子の侵入を目的として、ひび割れを修復する工法であり、無機系および有機系の材料が用いられる。無機系のうちセメント系材料は微細（0.2 mm程度）なひび割れに注入が可能である。有機系材料は接着力が強く硬化収縮が小さいのが特徴である。施工方法により被覆工法、注入工法、充填工法に分類できる。

6. 断面修復工法

　ジャンカなどの撤去後や内部鉄筋の腐食膨張、凍害、アルカリ骨材反応によるひび割れなどによる欠損部の修復などを目的として修復部材を充填する工法であり、材料には有機系または無機系のモルタルあるいはコンクリートが用いられる。また施工法によって左官工法、吹付け工法、充填工法に分類できる。

7. 目地補修工法

　目地材の耐久性、止水性、伸縮性の回復を目的に、損傷または欠損した目地を切断・除去し新たに目地を形成する工法で、施工方法により充填工法、挿入工法、被覆工法に分類される。

> Q55　コンクリート開水路の補強工法

　コンクリート開水路の補強工法は大別して接着工法、打換え工法、増厚工法に分類される。

　開水路の補強では構造物の耐力を回復または向上させることから、現況の構造物の耐力（新設時からの低下度合い）に応じて適切に工法を選択する必要がある。また接着工法や増厚工法では、既設の水路断面の縮小を伴うことから、補強後も必要な通水能力が確保されるかどうかも併せて検討する必要がある。

1．接着工法

　開水路の内側に鋼板あるいはパネルを接着し、水路（コンクリート）面との隙間に接着剤を注入する工法である。注入用接着剤は一般的にはエポキシ樹脂系剤が用いられるが、既設水路のひび割れに注入剤が充填されることでひび割れを拘束する効果も期待できる。一方で、ひび割れが極端に進行している場合には鋼板などと既設コンクリートの一体化が不十分になるおそれもある。この場合は所定の効果が得られないため、適宜ひび割れの補修を行う必要が生じる場合もある。

　鋼板などに替えて繊維シートを接着する工法は曲げ強度の補強に有効である。繊維シートとしては炭素繊維、アラミド繊維などが用いられる。この工法では断面剛性の向上効果はあまり期待できないうえ、紫外線劣化に備えて耐候性に優れた接着剤を用いる必要がある。さらに既設コンクリートとの一体性確保のためコンクリート表面の平滑化処理を行うことが望ましい。

2．打換え工法

　既設水路の変形して耐力が低下している部材を撤去し、同一の材料を用いて再構築することで必要な耐力を確保する工法である。工期や施工条件の制約によりプレキャスト部材を使用する場合もある。再構築に当たっては既設部材との一体性確保が重要であり、接合部の処理を確実に行う必要がある。また部材の撤去に当たってはひび割れの発生・進展により耐力をさらに低下させることのないよう適切な撤去工法の選定と慎重な施工が求められる。

3．増厚工法

モルタルや鉄筋コンクリートなどの補強材を用いて既設コンクリート部材の断面を増加させることにより補強する工法である。補強材自体が十分な強度を有していることに加えて、既設部材と補強材の接合部で適切に応力が伝わるよう一体性が確保されていることが重要である。そのため既設部材の脆弱部や表面に付着した汚れなどを確実に除去したうえで施工する必要がある。

Q56　コンクリート構造物の劣化要因ごとの発生現象とメカニズム

コンクリート構造物の劣化要因は中性化、塩害、凍害、アルカリシリカ反応、摩耗に大別できる。

中性化とは空気中の二酸化炭素がコンクリートに侵入して炭酸イオン化し、セメント硬化物である水酸化カルシウムと炭酸化反応を起こしてアルカリ性が保てなくなり、鉄筋が腐食する現象である。鉄筋の腐食に伴う膨張によりコンクリート表面のひび割れ、かぶりの剥離・剥落、耐荷力の低下が生じる。

塩害とはコンクリート中に塩化物イオンが侵入し、これにより鉄筋が腐食することで生じる劣化現象である。その結果はコンクリートにひび割れや断面欠損を生じさせる。

凍害とはコンクリートがマイナス2℃程度の凍結温度以下になり、コンクリート内部の水が氷へと変化する際の体積膨張と融解を繰返し受けることにより生じる劣化である。凍結融解により生じる劣化はコンクリート組織のゆるみによる内部劣化、表層部が徐々に剥離する表面劣化、骨材の破壊に起因した表面のモルタル層の剥離の3形態である。

アルカリシリカ反応とはコンクリート中に溶解したアルカリ成分と骨材が反応し、コンクリートに異常な膨張およびそれに伴うひび割れが発生する現象である。ひび割れは網目状や亀甲状を示すことが多いが、鉄筋コンクリート構造物では鉄筋に沿ったひび割れとなることもある。

摩耗とはコンクリート構造物の断面が徐々に欠損する劣化現象である。砂礫によるすり減り作用、波浪や流水によるすり減り作用などのほかに、セメント成分の溶脱も摩耗の原因となる。

> Q57　フィルダムの堤体・基礎地盤の安全性確認のための計測項目

　フィルダムの安全上、確認すべき計測項目としては①浸透量、②変形、③浸潤線が挙げられる。

　浸透量は①堤体からの浸透水、②基礎の浅い部分を流れる浸透水、③地山の湧水、④地表水、⑤堤体下流面の降雨浸透水などに大別される。このうち安全上は①堤体からの浸透水と②基礎の浅い部分を流れる浸透水が重要である。①と②を分離して計測することは容易ではないが、左右岸地山系統、堤体、基礎地盤に分離して集水し三角堰などにより計測できる施設整備が求められる。また浸透量は降雨および貯水位の影響を受けることから、降雨と貯水位を併せて記録し、相互の関係を踏まえた解析が可能となるよう資料収集を図る必要がある。また貯水池と浸透水の水温・水質・濁度を計測することで浸透経路の推定にとって有益な情報となる。

　変形については、基礎地盤は岩盤変位計、堤体部では層別沈下計と表面変位計を用いてダム天端、下流のり面および内部の沈下量を計測する。

　浸潤線は間隙水圧を計測することで把握する。堤体の力学的安定性に直接関係する重要な項目である。貯水位に連動するため、解析に当たっては貯水位と合わせて整理する必要がある。変動パターンが急変した場合は異常が発生している可能性が高いことから注意を要する。

> Q58　頭首工の設計における基本方針（留意点）

　頭首工の設計の基本方針としては①利水機能が確保されること、②治水機能に支障を及ぼさないこと、③経済的であること、④自然環境や景観と調和すること、に留意する必要がある。

　その具体的内容として、①利水機能の確保については、ア）渇水時においても確実に必要量を取水できること、イ）平常時の運用（取水）に際して土砂が大量に流入しないこと、ウ）洪水により堰本体や洪水吐等の付帯施設に堆砂が

生じないこと、エ）取水口の前面に安定したみお筋が形成されていること、オ）土砂吐水路が掃流により適切に排砂されること、が挙げられる。

②治水機能については、河川整備基本方針に整合した諸元となるよう留意する必要がある。

③経済性については、建設に要する費用に加えて、維持管理に要する費用も考慮する必要がある。特に農業用の頭首工の大半が土地改良区により管理され、維持管理費には農家の負担が少なからず充当されていることを踏まえて、維持管理費用の低減を強く意識して構造等を検討することが望ましい。

④環境・景観配慮については、周辺に生息する生物種とその生態に十分配慮し、既存生物の生育環境に悪影響を及ぼさないことおよび周辺の景観と十分調和する形状や色彩を意識して設計することが求められる。

> Q59　重要度ＡＡ頭首工の保持すべき耐震性能と耐震性能照査の基本的考え方

1．耐震性能照査の考え方

　耐震性能照査は、新設する施設の耐震設計と同様の考えで行う必要がある。

　具体的には施設の重要度に応じて適用する地震動が異なるが、重要度ＡＡ種の施設の場合、レベル1地震動、レベル2地震動の2段階について照査を行うことが基本である。

　ここでレベル2地震動は、対象施設の地点で想定される最大級の地震動である。またレベル1地震動は、施設供用中に発生する確率が高い規模の地震動である。この検討においては耐震設計上の構成要素の構造物特性に応じて、地震動に対する固有周期を考慮する場合としない場合に分けて検討する。

2．耐震性能

　施設が有する耐震性能は大きくは①健全性を損なわない、②限定された損傷に留める、③致命的な損傷を防止する、に大別される。

　①健全性を損なわない、とは降伏状態を超えるような損傷が生じないことであり、補修は不要な状態である。

②限定された損傷に留める、とは施設の機能回復をより速やかに行うために、次に述べる③の状態より余裕を持った状態であり、頭首工堰柱であれば部分的には補修が必要となる状態である。

③致命的な損傷を防止する、とは塑性化を考慮する部材にのみ塑性変形が生じ、その塑性変形による当該部材の修復が容易に行い得る状態である。

3．頭首工の保持すべき耐震性能

レベル1地震動に対しては堰柱および頭首工を構成するその他の構成要素（取入口、魚道、沈砂池、護岸、基礎工）が地震後においても地震前と同じ機能を保持することができるよう、健全性を損なわない耐震性能が求められる。

レベル2地震動に対しては、ＡＡ種の頭首工であれば、堰柱および堰柱基礎とも、限定された損傷に留める耐震性能が求められる。

なおＡ種の頭首工の場合、堰柱は致命的な損傷を防止する耐震性能が求められるが、堰柱基礎に求められる耐震性能は限定された損傷に留める水準である。

【解説】

　頭首工の耐震設計・耐震照査に関連する情報を、題意に応える範囲を少し超えて盛り込んだ解答案とした。

　出題時点で土地改良計画設計基準　設計「頭首工」の改定が進められていることを受けた問題と思われる。基準類の改定は技術士試験の問題に反映される傾向があることから、農林水産省のWEBサイトなどを通じて最新の状況を把握しておく必要がある。

　「ホーム＞農村振興局＞土地改良事業計画設計基準　計画」あるいは「＞土地改良事業計画設計基準　設計」には改定された基準類が掲載されている。また「ホーム＞農村振興局＞審議会＞農業農村振興整備部会」とたどると改定が進められている基準類の情報の入手が可能である。

> Q60　小水力発電の導入目的・意義と計画段階での検討事項・留意点

　農村地域には小水力に限らず、太陽光、風力、バイオマスなどの地域エネルギーが豊富に賦存している。地域エネルギーは化石エネルギーに比べて①再生可能でカーボンニュートラルである、②地域に広く薄く存在している、③季節や気候により変動する、④貯蔵や運搬が難しい、という特徴を有している。

　小水力発電は温室効果ガスを発生しないことから、気候変動対策が声高に叫ばれている昨今の情勢では、化石燃料の代替エネルギーとしてという点だけでも十分な導入意義がある。さらに農村地域の未利用エネルギーの有効利用という意義も有している。

　発電した電力により水管理設備等の農業水利施設の消費電力を賄うことや、余剰発電量を売電することで施設の管理費負担の軽減を図ることが一般的な導入目的である。

　農村地域で構想できる小水力発電の多くは農業用水を利用したいわゆる従属発電となる。そのため利用可能な水利権量が季節により大きく異なる可能性が高い。水利権量に加えて実際の流量も用水需要に応じて季節的、時間的に大きく変動する。そのため年間を通して一律・一定の流量が確保されないという特殊な条件下でも経済的に実現可能な計画となるか、が計画段階で検討すべき最重要課題である。

　また電力の地区内利用や売電を図るうえでは、近隣の送配電網への接続が容易なことが重要な条件となる。さらに農業水利施設を管理する土地改良区が将来の維持管理を担う場合には、故障が少なく保守等の維持管理が容易な施設となるよう設計を進めることが望ましい。

> Q61　農村地域の自然環境の特徴、生物多様性の危機の具体例および対策

我が国の農村地域の自然環境は、二千年にわたると言われる水稲作の歴史を

含む農業生産活動を通じて自然に積極的に働きかけることにより形成された、いわゆる二次的自然であるということが大きな特徴である。すなわちあるがままの自然ではなく、適度な人為的な攪乱が我が国の農村地域の自然環境を形成する一つの大きな要因となっている。

　この観点で見れば働きかけが弱まることで環境の悪化につながる例が一つ目の危機として指摘できる。具体的には薪炭材の採集などにより適度に間伐や枝打ちがされていた里山に人の手が入らなくなったことにより、森林の適度な世代交代が進まず、高木広葉樹が卓越することで下草が枯れ、土壌浸食が進み、里山全体が荒れる、といった事例が見られる。

　一方、過度な開発圧力は自然環境の荒廃につながる単純でわかりやすい危機と言える。大規模なダム開発による集落単位での水没や堰の建設により魚類の遡上が阻害され川の生態系が大きく変わるなど、自然環境への配慮不足が批判される大規模開発プロジェクトによく見られる例である。

　3番目の事例としては放流されたブラックバスの繁殖などに見られる外来・移入動植物により本来の生態系の攪乱が生じている危機である。道路のり面の植生回復のために発芽率の高い外来種を使用することなども、同様の危機を生じることになる。

　対策として開発に伴う危機については、水系の連続性を損なわないよう、例えば魚道を設けたり、在来種による植生工を採用するなど危機につながる原因を除去した工種・工法を選択することが有効である。また里山の保全を例に取れば、薪炭材利用は期待できないものの、里山自体を外来者に開放し散策路として利用してもらうことで人為的攪乱を促すことが考えられる。

【解説】

　　生物多様性国家戦略では、生物の多様性に対して負の影響を及ぼす人間活動の負の影響を4つに整理し「4つの危機」としている。これらは第1の危機（開発など人間活動による危機）、第2の危機（自然に対する働きかけの縮小による危機）、第3の危機（人間により持ち込まれたものによる危機）、第4の危機（地球環境の変化による危機）である。解答案はこの4つの危機を意識しているが、農業分野や農業農村工学の観点から見れば第4の危機

は若干関連性が弱い印象がある。

　また題意が求めている内容は自然環境の特徴の他に、危機の具体例、影響、対策の3点だが、答案用紙1枚600字という分量を意識して、求められる3点を項目立てせずに網羅するような構成を試みてみた。

Q62　工事施工場所と周辺における生物への影響軽減のための環境配慮対策における留意事項

　環境配慮についてはいわゆる環境配慮の5原則（ミティゲーション5原則）が基本的な考え方であり、その内容は①回避②最小化③修正④軽減・除去⑤代償である。このうち特に修正、軽減・除去、代償による対策が工事施工における生物種への配慮に際して特段の留意が必要となると考える。以下に用水路工事を事例に具体的な対策内容とその際の留意事項を述べる。

１．修正

　水路の縦断線形上、落差工が必要な場合に、水棲生物の移動を阻害しないように魚道を設置する場合などがこの類型である。

　魚道は魚種の生態によって有効な形式や諸元が異なるため、対象となる魚類等を明確にし、確実に遡上できるよう設計する必要がある。魚種ごとに遡上可能な流速が異なるほか、必要な水深を確保したり、遡上中に休息が可能な箇所を設けたり、水路底を移動する魚種にあっては休息場所の隔壁底部に切り欠きを設けるなど、こまかな配慮が必要である。また魚道通過時に鳥類からの捕獲を防ぐためのネット等の設置も検討すべき事項である。

２．軽減・除去

　水路敷設に伴う土工事などで生じた切盛土のり面の、植生工による緑地の回復を例に述べる。

　植生の早期回復と経済性を優先し外来種を導入するような対策は、厳に慎むべきであるが、在来種であったとしても周辺の地域固有種との競合関係を生じ既存の生態系に少なからぬ悪影響を与えることが危惧される。そのため周辺環境の調査と貴重種を含む在来種を確認のうえ、植生工を設計する必要がある。

3. 代償

　工事により消失する湿地等を代替地に設置する行為が一例である。

　このような代償行為が最も慎重な対応が求められる環境配慮である。消失する湿地と同程度の規模と同様の植生を確保すれば "代償" として機能するものではなく、近傍の里山との位置関係などの周辺環境や湿地の水源となる地下水の水質・水温、日照時間など多様な条件が生物の生息場所としての湿地の具備すべき条件に影響を与える。すべてを網羅し満足するような代替地の設置は極めて困難であるが、少なくとも代替地として生息を期待する生物種を想定した設計を行うことが必要である。

【解説】

　解答案ではあえてミティゲーション5原則と関連づけてみたが、例えば水路の落差工（解答案「1. 修正」）に限定し、形状、水深、流速などを留意事項として述べることも一案である。また工事施工に注目し、工事における騒音・振動対策や水質対策（汚水処理）などを留意点とする解答案も可能である。

Q63　景観配慮の基本原則と適用例およびその考え方

　農村地域には、その地域ごとに長い年月にわたる農業生産活動や地域の人々の日常生活の営みが形成した地域独自の景観がある。例えば白川郷の合掌造り集落などは世界遺産にも登録されている農村景観の代表的な事例であり、砺波平野のチューリップ畑は生産活動が二次的に作り出す象徴的な農村景観である。このような地域ごとに特徴的な景観には、色や形、素材などに暗黙の約束事として共通化されたものが見つかる。この地域の景観に共通する暗黙の約束事（デザインコード）により、その美しさが高められていると考えられる。そのため景観への配慮に当たってはデザインコードを意識し活用する必要がある。

　景観配慮の基本原則は、景観に対する影響度やデザインコードとの関係により、除去・遮蔽、修景・美化、保全、創造の4種類に分類される。以下にそれ

それについて考え方と農業農村整備事業における適用事例を述べる。

1．除去・遮蔽

景観の質を低下させる要素（景観阻害要因）を取り除くこと。

具体的には老朽化等の理由から現在は供用されていない農業用倉庫や畜舎などを撤去することで、地域の景観を乱す要素を取り除く（除去）ことや、集落内のコンクリートのり面を木柵により覆う（遮蔽）ことで形状や色彩などの点でデザインコードの統一感を高める方法が該当する。

2．修景・美化

景観阻害要因を軽減したり美化要素を付加することで、景観のレベルを上げること。

用排水機場や集落排水処理施設などは比較的大きな構造物となり、農村景観には大きな影響を与えることとなる。そのため周辺集落の家屋を参考に、類似の屋根形状や同系統の色相による彩色を採用したり、擬石ブロックを採用するなどが、この方法である。

3．保全

調和のとれた状態を保全し、管理すること。

例えば水路改修に当たり、既設の構造を踏襲し壁面に石積み工法を採用するなどが該当する。

4．創造

新たな要素を付加することで、新しい景観秩序を創り出すこと。

開水路のパイプライン化に伴い喪失する水辺環境を代償するため、水路の一部を分岐させ用水量の一部を流下させて、水路周辺と合わせて親水公園として整備することで、新たな景観を生み出すことなどが該当する。

Q64　ため池の形成する環境の特徴と改修設計に際しての配慮事項

ため池は農村地域に存在する二次的自然を形成する代表的な施設である。

相当規模の広がりを持った水面と連続的に変化する水深が形成する水辺環境は、動植物にとって変化に富んだ多様な生息・生育環境を提供している。また

自然湖沼とは異なり、用水需要に応じて水位が比較的大きく変動するほか、維持管理のために冬期には完全に落水する場合もあるなど、年間を通して湛水状態の変化が非常に大きい。これにより、結果として多種・多様な動植物の生存空間を提供している。

　ため池における環境配慮に際しては、対象施設の調査結果および田園環境整備マスタープランの環境配慮の基本方針を踏まえ、保存対象種を設定し具体的な配慮対策を検討する。その際には保全対象種の生息・生育環境として必要な保存対象範囲を設定し、範囲ごとにミティゲーション5原則を基本とした影響の軽減対策を検討する。

　設計に際しては堤体の漏水防止・浸食防止、洪水の安全流下等の農業水利施設としての基本的な機能を確保したうえで、生物の生息・生育環境を確保する機能を併せ持たせることが求められる。この場合、経済性や維持管理などの点では相反することも多々あるため、改修した施設が適切なものとなるよう、利用者である農業者に加えて周辺住民の意見なども反映して、地域の合意形成を図りつつ検討を進める必要がある。

　生物の生息・生育環境を確保するうえでの具体的な配慮内容としては、凹凸に富む曲線状の水際や変化に富む地形形状、年間の水位変動を考慮した浅水域や部分的な深水域等の環境が確保されるように検討する。生活史を通じて生育場所を移動する動物種もあることから、必要となる生育範囲を考慮して、保全対象種に適した、産卵、採餌、休息、避難場所の確保を検討することが重要である。その場合に後背地や周辺水田・水路との連続性や他のため池とのネットワークも併せて検討する。

【解説】

　　農林水産省のWEBサイトから「ホーム＞農村振興局＞農業農村整備事業における環境との調和への配慮」とたどるとさまざまな資料が閲覧できる。本解答案では調査計画・設計の手引きのうち「ため池整備」を参照したが、工種別には「水路整備」「ほ場整備」なども掲載されていることから、試験対策としてはこれらも参照されたい。

2. 応用能力を問う問題

応用能力を問う問題は令和元年度の制度改正を境に設問が変更された。設問は「調査検討すべき事項とその内容」「業務を進める手順（留意点、工夫を要する点を含む)」「効率的、効果的に進めるための調整方策」がその内容で、令和3年度までは一言一句統一されていた。問題によっては設問の順にこだわらずに構成したほうが論理展開が明確になりそうなものもある。また効率化として「関係者との調整方策」に限定すると、ついつい「十分な事前調整」といった内容に陥りがちとなる。そのため令和元年度以降の問題を想定した解答案では、あえて題意に直接的には答えず、関連情報を幅広に収集し整理した構成のものも用意した。受験者諸氏の事前準備作業の中で素材として扱い、ご自身の考えを盛り込んで再構成して活用されることを期待している。

なお本章の構成としては、前著の内容を再録したのち、Q15以降に令和元年度以降の問題を想定した解答案を掲載した。くり返しになるがQ14までの解答案は初出時点での状況を踏まえた内容のため、このまま解答とすることは必ずしも適当でないことに十分ご留意いただきたい。

表2.3 応用能力を問う問題

出題テーマ	関連する過去の問題
設　問	
Q1　我が国の農地を巡る課題と対策	
(1) 課題 (2) 対策 (3) 手順・手法 (4) 技術的留意点	

表2.3　応用能力を問う問題（つづき）

出題テーマ 設　問	関連する 過去の問題
Q2　農地の汎用化	
（1）現状と課題 （2）取り組むべき事項と効果 （3）調査、計画を進める手順 （4）技術的留意点	
Q3　水田地域で生産性を高め食料自給率の向上に寄与する生産基盤整備計画の策定	H26　Ⅱ－2－1 H30　Ⅱ－2－1
（1）調査の着眼点 （2）作業手順 （3）技術的留意点	
Q4　整備済み地域における用水計画の策定	H27　Ⅱ－2－2
（1）かんがい用水の変動要因と状況把握に必要な調査事項 （2）用水計画策定の手順 （3）技術的留意点	
Q5　中山間地域の活性化	H25　Ⅱ－2－2 H26　Ⅱ－2－2
（1）課題 （2）解決に向けた調査検討事項 （3）手順・手法 （4）技術的留意点	
Q6　耕作放棄地対策	
（1）現状と課題 （2）取り組むべき事項 （3）調査、計画等を進める手順 （4）技術的留意点	
Q7　ため池改修の必要性の判定	H27　Ⅱ－2－1 H29　Ⅱ－2－2
（1）調査内容 （2）改修の必要性を判断する際に留意すべき内容 （3）優先順位を判定する手順	

表2.3 応用能力を問う問題（つづき）

出題テーマ	関連する過去の問題
設　問	
Q8　環境配慮計画	H25　Ⅱ－2－2 （農村環境）
（1）検討すべき事項 （2）手順 （3）留意事項	
Q9　想定した農業地域における農業生産基盤の整備	H25　Ⅱ－2－1
（1）現状と農業を取り巻く状況の変化、取り組むべき課題 （2）課題解決に向けた整備内容と期待される効果 （3）計画・実施する手順 （4）技術的留意点	
Q10　排水計画の策定	H29　Ⅱ－2－1
（1）調査項目と検討事項 （2）策定手順 （3）技術的留意点	
Q11　耐震診断	H28　Ⅱ－2－1
（1）基本的考え方 （2）手順 （3）留意点	
Q12　耐震対策	H28　Ⅱ－2－1
（1）基本的考え方 （2）方法 （3）留意点	
Q13　農業水利施設の機能保全計画	H28　Ⅱ－2－2
（1）基本的考え方 （2）策定手順 （3）技術的留意点	
Q14　パイプラインの機能保全計画	H30　Ⅱ－2－2
（1）基本的考え方 （2）策定手順 （3）技術的留意点	

表2.3　応用能力を問う問題（つづき）

出題テーマ 設　問	関連する 過去の問題
Q15　開水路の機能診断	R4　Ⅱ－2－2
（1）調査・検討すべき事項と内容 （2）業務実施手順と留意点、工夫を要する点 （3）効率的な業務実施のための調整方策	
Q16　農業用パイプラインの機能保全計画	R3　Ⅱ－2－2
（1）調査・検討すべき事項と内容 （2）業務実施手順と留意点、工夫を要する点 （3）効率的な業務実施のための調整方策	
Q17　開水路のパイプライン化計画	R1　Ⅱ－2－1
（1）調査・検討すべき事項と内容 （2）業務実施手順と留意点、工夫を要する点 （3）効率的な業務実施のための調整方策	
Q18　整備済み水田の利用高度化に向けた再整備計画	R2　Ⅱ－2－1
（1）調査・検討すべき事項と内容 （2）業務実施手順と留意点、工夫を要する点 （3）効率的な業務実施のための調整方策	
Q19　ため池の耐震性能照査	R1　Ⅱ－2－2
（1）調査・検討すべき事項と内容 （2）業務実施手順と留意点、工夫を要する点 （3）効率的な業務実施のための調整方策	
Q20　ため池の改修設計	R2　Ⅱ－2－2
（1）調査・検討すべき事項と内容 （2）業務実施手順と留意点、工夫を要する点 （3）効率的な業務実施のための調整方策	
Q21　ため池の機能診断・健全度評価	R3　Ⅱ－2－1
（1）調査・検討すべき事項と内容 （2）業務実施手順と留意点、工夫を要する点 （3）効率的な業務実施のための調整方策	
Q22　更新事業における用水量算定業務	R4　Ⅱ－2－1
（1）調査・検討すべき事項と内容 （2）業務実施手順と留意点、工夫を要する点 （3）効率的な業務実施のための調整方策	

```
Q1  我が国の農地を巡る課題と対策
  (1) 課題
  (2) 対策
  (3) 手順・手法
  (4) 技術的留意点
```

1. 課題

　農地は、食料の安定供給にとって不可欠な資源であると同時に、農業生産が行われることで多面的機能を発揮しており、国民にとっても貴重な財産である。しかしながら、農地面積の減少や耕地利用率の低下といった傾向に加えて、今後は農家の高齢化の進展に伴い、基幹的な農業従事者が大きく減少することも見込まれている。

　このような中、生産条件の良い平野部においては、経営規模の拡大を通じて低コスト化による収益性の向上を図るなど、農業の産業としての競争力強化が求められている。そのためには生産基盤の機能向上を図ることを通じて、担い手への農地集積・集約化（集団化）を促進する必要がある。

2. 対策

　これまでも区画整理等により農地の集積や生産コストの低減が図られてきたが、今後経営の大規模化とさらなる生産コスト削減を進めるためには、ほ場の大区画化を計画的・効率的に推進していくことが必要である。また、大区画化と併せて麦・大豆等の戦略作物やその他の畑作物の生産拡大を図るため、暗渠排水や排水路の整備により農地の汎用化を図ることも重要である。

　さらに、担い手農家の負担軽減の観点からは、大規模化のスケールメリットが発揮されにくいほ場レベルでの管理のさらなる省力化を一体的に進めていくことも重要であり、水管理の負担を軽減する地下かんがいの導入、開水路のパイプライン化、ゲートの自動化、自動給水栓の設置、畦畔管理を軽減するカバープランツの植栽などについても検討を行う。

3. 整備を進める手法、手順

　地域ごとに作成される人・農地プランや水田フル活用ビジョンなどを踏まえ

つつ、地域の気象・水文、地形・地質、営農・土地利用状況等の調査に基づき、生産基盤の整備や農地集積に向けた土地利用調整に係る計画案を作成する。調査・計画の過程で地元関係者の意向調査や説明、調整を行いながら適宜計画案を修正し、地域の合意形成を図る。これらを踏まえ、土地改良法に基づく農家の同意取得などの手続を行って事業計画を確定し、整備に着手する。

４．整備を進めるうえでの技術的留意点

　大区画化を進めるに当たっては、整備コストの縮減も重要な課題であり、平野部では区が均平な場合は、現況の用排水路や農道を活かし、畦抜き工法により大区画の実現を図るなどの工夫も必要である。

　この際、土地利用調整や水利調整のノウハウがある土地改良区が関係機関と調整しつつ、畦畔除去等による大区画化の推進や土地利用調整において十分な役割を果たしていくことが重要になる。

　また、大区画化など基盤整備に向けた地域の話し合いの機会を最大限活用し、担い手への農地集積と併せ、6次産業化等の地域農業の振興策についても一体的に検討を促進することが重要である。

【解説】

　　1. に挙げた課題は、我が国の農業が抱える一般的な課題を概説したうえで、「基盤整備による利用集積」につなぐ構成としている。このような汎用性の高い書き出しのパターンを用意しておけば、想定外の設問にも柔軟に対応する応用力を高めることができる。

　　農地を農業生産基盤として位置づけるだけでなく、多面的機能の発揮の場として捉えておくことは、多様な視点での論理展開を可能とするため、書き出しとしては応用範囲が広がる。ただし本解答案では、設問との関係から、以降の論理展開において多面的機能には触れていない。

　　また日本の農業が抱える課題はさまざまであるが、担い手の高齢化により近い将来、十分な農業従事者が確保できなくなる懸念は、生産基盤としての農地に関する課題と並んで非常に大きな問題であり、担い手確保を課題に挙げ、その解決策を論じることは、基本的なパターンの1つと言える。

　　2. の対策では、1. で挙げた農地と担い手に関する課題を受けて、基盤

整備による対応と担い手の負担軽減のための管理の省力化に、論を展開している。

3. では人・農地プランや水田フル活用ビジョンをキーワードとして盛り込んでいるが、農地中間管理機構をキーワードとした利用集積について触れるという展開も考えられる。

Q2　農地の汎用化
(1) 現状と課題
(2) 取り組むべき事項と効果
(3) 調査、計画を進める手順
(4) 技術的留意点

---

1. 農地の現状と課題

農地は長い年月をかけて整備された食料生産基盤であり、加えて多面的な機能を発揮するなど貴重な社会資本であるが、我が国の農地面積は、転用や耕作放棄等により452万ha（平成26年）と年々減少傾向にある。また、耕地利用率も近年は92%前後で推移している。

水田246万haのうち30a程度以上に整備された水田は約6割、1ha以上に整備された水田は約1割であり、今後、低コスト化と経営規模拡大を通じた農業の収益性の向上・競争力の強化を目指し、担い手への農地集積・集約化（集団化）を促進するため、大区画等のほ場整備の計画的・効率的な推進が重要である。

また、区画整備済みの水田156万haにおいても排水不良の水田が3分の1程度ある。麦、大豆等の戦略作物の生産を拡大し、食料自給率の向上を図るためには、水田を畑としても利用できるよう水田の汎用化を進め、水田を有効活用することが重要である。

2. 汎用化を進めるために取り組むべき事項と効果

水田を畑作物の栽培にも適したほ場に改良し、麦、大豆等の戦略作物の作付け拡大や作物の収量増大、品質向上を図るためには、特に排水性と営農作業条

件の確保に取り組むことが必要であり、水田の排水条件を改良し地下水位を低下させる対策が重要となる。

　この水田の汎用化により、麦、大豆の生産のみならず、高収益が期待される野菜や花きなどへの転換も可能になり、耕地利用率の向上や農業所得の増大につながることも期待される。

３．調査、計画を進める手順

　地域の気象・水文、地形・地質等の状況、営農・土地利用状況、地域農業の将来構想、農家の意向等を踏まえ、水田の汎用化を進めるための基盤整備の手法、整備費用と費用負担の方法、施設の管理方法等について検討を行い、事業計画案を策定する。

　また、調査、計画策定の過程で農家をはじめとする地元関係者への説明や意向調査、調整を行いながら適宜計画案を修正し、関係者の合意形成を図る。これらを踏まえ、土地改良法に基づく農家の同意取得などの手続を行って事業計画を確定する。

４．調査、計画を進めるに当たっての技術的留意点

　畑作物は一般に湿害に弱く、特に麦・大豆を栽培する場合には、干害と湿害が問題になるため、作物や栽培時期に応じて地下水位を適切に保つ必要がある。非かんがい期でも地下水位の高い水田や土壌の透水性が悪い水田では、地下水位を低下させるための排水路や暗渠排水の整備が重要である。このため、大規模ほ場の整備では、区画規模、排水条件、暗渠排水、農業機械の利用、輪作体系等を十分に検討する必要がある。

　また、水田の畑利用後、水田利用に再転換した場合、一般に必要水量が増加する（還元田割増）こと等にも留意する。

【解説】

　　　題意に沿って我が国の農地に関する基本的な諸数値を記述している。農地面積、水田および畑の面積と整備済み面積（あるいは整備率）などに加えて、基幹的農業水利施設の数や水路の延長などの数値を記憶しておき、現状等を述べる際に適宜記述すれば、試験官の好印象が期待できる。

　　　なお最新の統計情報は農林水産省ＷＥＢサイトなどから入手可能である

が、概観的な情報のためには次のWEBサイト「ホーム＞統計情報＞農林水産基本データ」が便利である。

Q3　水田地域で生産性を高め食料自給率の向上に寄与する生産基盤整備計画の策定
　　(1)　調査の着眼点
　　(2)　作業手順
　　(3)　技術的留意点

１．調査の着眼点

　水田地域において農業の収益性向上や競争力の強化を推進するためには、さらなる生産の低コスト化や担い手への農地集積・集約化による経営規模の拡大、麦・大豆等の戦略作物や高収益が期待される畑作物の導入・生産拡大など生産基盤のさらなる機能向上を図ることが必要であり、ほ場の大区画化と暗渠排水や排水路の整備により農地の汎用化を図ることが重要である。

　このような整備を進めるためには、当該地域の地形が平坦でほ場の排水性が良好であることなどの大区画化の要件が満足されていること、地域に経営規模拡大の可能性があること、栽培技術の蓄積・水準が高いことなどが必要であり、調査においては、地域ごとに作成される人・農地プラン、水田フル活用ビジョンなどを踏まえ、必要に応じて農地中間管理機構と連携した農地集積の推進等も念頭に置きながら、地域の状況を把握し、農地の整備手法等の検討を進めていくことが重要である。

２．整備計画策定の作業手順

　調査において把握した地域の気象・水文、地形・地質等の状況、営農・土地利用状況、人・農地プランなどの地域農業の将来構想、農家の意向等を把握し、水田の大区画化や汎用化を進めるための基盤整備の手法、整備費用と費用負担の方法、施設の管理方法等について検討を行い、生産基盤の整備計画を策定する。

　また、調査・計画検討の過程で、農家をはじめとする地元関係者への説明や

意向調査と調整を行いながら、計画案を適宜修正し、関係者の合意形成を図ることも重要である。これらを踏まえて、最終的には整備計画案について農家の同意を取得し、計画を確定する。

3．整備計画策定に当たっての技術的留意点

　ほ場の大区画化を進めるに当たっては、整備コストの削減も重要な課題であり、ほ区が均平な場合は、現況の用排水路や農道を活かし、畦抜き工法により大区画化の実現を図るなどの工夫も必要である。

　また、汎用化を進めるに当たっては、畑作物は一般に湿害に弱く、特に麦・大豆は干害と湿害が問題になるため、作物や栽培時期に応じて地下水位を適切に保つ必要がある。非かんがい期でも地下水位の高い水田や土壌の透水性が悪い水田では、地下水位を低下させるための排水の強化が必要であり、大規模ほ場の整備においては、区画規模、排水条件、暗渠排水、農業機械の利用、輪作体系等を十分に検討する必要がある。

　さらに、担い手農家の負担軽減の観点からは、大規模化のスケールメリットが発揮されにくいほ場レベルでの管理のさらなる省力化を検討することも重要であり、水管理の負担を軽減する地下かんがい、開水路のパイプライン化、自動給水栓の設置等について検討を行う。

　なお、農業基盤の整備に係る地域の話し合いの機会を活用し、農地の集積等と併せ6次産業化等の地域農業の振興策について検討を進めることも重要である。

【解説】

　　平成26年度の問題への解答例である。「Q1　我が国の農地を巡る課題と対策」と「Q2　農地の汎用化」の内容を再構築し、農地中間管理機構や6次産業化などのキーワードを追加することで、題意への整合を図った解答例としている。題意に沿った再構築等により平成30年度の問題にも対応が可能である。

> Q4　整備済み地域における用水計画の策定
> 　（1）　かんがい用水の変動要因と状況把握に必要な調査事項
> 　（2）　用水計画策定の手順
> 　（3）　技術的留意点

１．かんがい用水の変動要因

　かんがい用水の需要の変化は短期的なものと長期的なものに分けられるが、短期的なものは主として日々の水管理の中で対応することとなることから、ここでは長期的な変動要因について、以下に列記し詳述する。

①営農・栽培様式の変化によるもの：品種および作付体系の変化、農作業の機械化、水田の畑利用、乾田直播、湛水直播、不耕起栽培、冬期湛水の導入など

②生産基盤条件の変化によるもの：用排水の分離、パイプライン化、排水改良、土層改良、大区画化等を含むほ場整備など

③農業経営条件の変化によるもの：水稲作付面積・団地化の動向、裏作作物の導入、他作物への転換、ローテーション等の動向など

２．状況把握に必要な調査

　かんがい用水の変動状況を把握するために必要な調査内容は、基本的には新規地区における用水計画策定に準じることとなる。具体的には、①受益地調査、②気象等調査、③営農経済調査、④水利現況調査、⑤水源現況調査、⑥施設地形測量、⑦地質調査、⑧環境に関する調査を実施することとなる。この中で特に③営農経済調査、④水利現況調査、⑤水源現況調査により、用水需要の変化の状況を把握することとなる。

３．用水計画の策定手順

　一般的な手順に準じて、①概査、②基本構想の策定、③精査、④調査結果の取りまとめ、⑤施設計画の策定の手順を経て、用水計画（事業計画）を樹立する。

４．留意点

（1）既存水源の有効活用

　農林水産省では島しょ部を除き、農業用の水源を確保するための新たなダム建設は行わない方針としていることなど、新規水源開発についての社会的賛同を確保することは容易でない状況である。農業用ダムやため池等の水源を有する場合には、運用の変更により水需要の変化等に対応できないかを積極的に検討する必要がある。

（2）担い手への経営の集約化への対応

　我が国の農業は、農業従事者の高齢化や新規就農者の減少により、担い手の減少と高齢化が深刻な問題となっている。また貿易の自由化拡大の流れの中で、農業の国際競争力確保のためのコスト縮減の観点からも、少数の大規模農家への農業経営の集約化が求められている。そのため規模拡大が効率化に逆行する傾向のある水管理や施設の維持管理等につき、省力化を図るよう計画する必要がある。

（3）各調査項目における留意すべき細目

　その他、状況把握のための調査として列記した各調査のうち以下の調査細目は用水の変動要因を明らかにし、計画に適切に反映する観点から、より詳細に実施するよう留意する必要がある。

1）営農経済調査のうち土地利用現況調査および営農立地調査

2）水利現況調査のうち水利状況調査、取水量調査、流出量調査、用水量調査

3）水源現況調査のうち水源流量調査

【解説】

　　平成27年度出題の設問内容を一般化したうえで作成した解答例である。『農業農村工学ハンドブック』にはかんがい排水計画についての解説があり、この中で近年のかんがい計画を巡る状況として水需要の変化・多様化に関する記述や技術的な留意事項に関してヒントとなる記述がある。また『土地改良事業計画設計基準　計画「農業用水（水田）」』も参考資料として有益である。解答例の作成に際してはこれらを参考とした。平成27年度の出題では対象地域の状況や用水需要の変化につながる営農等の状況の変化についての設定があり、実際の解答に当たっては前提条件に整合するような修正を施す必要がある。

Q5　中山間地域の活性化
　(1)　課題
　(2)　解決に向けた調査検討事項
　(3)　手順・手法
　(4)　技術的留意点

１．地域の活性化を図るために取り組むべき課題

　中山間地域は、国土面積の約7割を占め、全国の耕地面積、農家戸数、農業産出額のそれぞれ約4割を占めるなど重要な役割を果たしている。また、農林業の生産活動を通じて多面的機能を発揮しており、国民にとっても重要な地域である。

　中山間地域は、平地と比べて地形的に不利な状況にあり、生産基盤や生活基盤の整備等が遅れているため、活性化を図るためには、基幹産業である農林業の振興を通じた就業機会の維持・増大や生活基盤の整備による定住の促進とこれらを通じた農業・農村の有する多面的機能の維持・増進に取り組むことが重要である。

２．課題解決に向けて調査検討が必要な事項

　農林業の振興を通じた就業機会の維持・増大に関しては、観光と結びつけた地域特産ブランドの展開、6次産業化等の高付加価値農業の展開など地域の特性を活かした農業・農村振興策が有効であり、地域農業の振興にとって制約となっている農業生産条件の改善や都市・農村交流等による多様な就業機会の確保が必要である。

　定住の促進に関しては、整備の遅れている集落道、農業集落排水施設、交流関係施設等の生活基盤の整備に加え、教育・医療・福祉の充実、高齢者・女性の力を活用する対策の推進などを検討することが重要である。また、多面的機能の発揮に関しては、中山間地域等直接支払い制度の活用等により、道路・水路等の保全管理活動の強化や耕作放棄地の解消、自然環境・景観に配慮した生産基盤の整備を検討する。

３．調査、検討等を進める手順

　調査、検討を進めるに当たっては、まず、地域が目指す将来像をまとめ、農村振興の目標を設定することが必要である。そのうえで、地域の現状を調査・分析し、特徴・長所については維持・発展させるための方針を、課題については改善の方向性を、それぞれ検討・整理する。

　次にこれらの方針・方向性に沿って、生産基盤および生活基盤の整備に係る基本計画および事業の実施計画案を作成し、ワークショップなどの手法を用いて、地域の関係者間での話し合い・合意形成、計画案の修正を行う。検討の過程では、農業農村整備事業以外の施策とも連携を図って進めることが重要である。

4．基盤整備に当たっての留意点

　中山間地域は、平地と比較して経営規模の拡大や大区画化に制約があり、一般的な整備手法では事業費が増大する。このため、直営施工の活用や等高線方向への区画拡大など地域特性に応じた創意工夫により、地域の特色ある農業の展開や作業環境の改善を目指したきめ細かな整備を検討することが重要である。

　また、生活環境の整備においては、集落道は通過交通の進入をできる限り避ける、農業集落排水は小規模分散方式とし、傾斜を活かして自然流下方式を採用するなどの工夫も重要である。

【解説】

　我が国の農業を維持・発展させていくうえでは、国土面積の7割を占める中山間地域は重要な位置づけを占めている一方、平野部と異なる種々の条件（例えば傾斜地であること、市場アクセスが不利であること）や問題の顕在化が著しいこと（例えば耕作放棄地、鳥獣害、担い手不足）から、さまざまな設問が想定されるため、今後も前提条件や設問を変えた出題が予想される。

　この解答例は平成25年度の出題を想定して用意したものだが、これを基本に平成26年度の出題にも対応が可能である。

```
Q6  耕作放棄地対策
  （1）現状と課題
  （2）取り組むべき事項
  （3）調査、計画等を進める手順
  （4）技術的留意点
```

1．耕作放棄地の現状と課題

　耕作放棄地の面積は、年々増加しており、平成22年時点では滋賀県とほぼ同じ面積の39万6千ha、面積率で10.6％となっている。耕作放棄地の主な発生要因には高齢農家のリタイアに伴う担い手の不足があるが、発生要因、荒廃状況、権利関係、引き受け手の有無等は地域や農地でさまざまである。

　近年においては、特に土地持ち非農家が所有する農地の耕作放棄が増加しており、耕作放棄地全体の半分を占めている。また、地域別では中山間地域における耕作放棄地の割合が高い。

　今後も、農業従事者の高齢化により耕作放棄は増加すると考えられる。このため、耕作放棄地の再生利用対策と併せ、発生抑制と貸借による農地集積を図る観点から、農地中間管理機構も活用し、リタイアする農家から円滑に農地を継承する取組を強化することが必要である。

2．課題解決に向け取り組むべき事項

　耕作放棄の解消に向けては、農地の引き受け手をどうするか、土地条件はどうか、作物をどうするかなどきめ細かな対応を検討することが必要である。

　また、農道・農業用用排水路の改修、区画整理、暗渠排水等生産基盤の整備が必要な場合も多く、地域の実情に合わせた検討が必要である。

3．調査、計画等を進める手順

　耕作放棄地の一筆ごとの状況（地目、放棄の原因、所有者とその意向）を把握・整理する。次に農地の所有者や地域住民、集落等の関係者により話し合いを重ね、耕作放棄地の再生利用に向けた構想を策定する。

　また、所有者と利用希望者の意向を確認しつつ、営農しやすい条件を整えるため、再生作業、土づくり、生産基盤の整備、農業機械や乾燥・貯蔵・集出荷

施設の整備等を検討し、計画を策定する。

4．調査、計画等を進めるに当たっての留意点

　耕作放棄の解消には、農地利用の担い手の確保が重要であるが、地域内で耕作放棄地の引き受け手が見つからない場合は、非農業者、企業、NPO、都市住民などの新しい担い手を検討することも必要である。適当な担い手が見つからず、ただちに営農に結びつかない場合は、景観作物、油糧作物等の栽培や家畜の放牧により農地の保全管理を行い、担い手が現れた際に速やかに営農が可能な状態を維持しておくことも重要である。

　直営施工など地元関係者の創意工夫を反映させた小規模な基盤整備を中心に耕作放棄地を含む農地を対象に生産基盤の整備を行うことで耕作放棄の解消を進めるなどの対応を検討する。

Q7　ため池改修の必要性の判定

　(1)　調査内容

　(2)　改修の必要性を判断する際に留意すべき内容

　(3)　優先順位を判定する手順

1．調査すべき内容

　ため池は全国に21万か所、うち受益面積が2 ha以上のものは約6万5千か所存在するが、ため池築造の歴史は古く、受益面積2 ha以上のため池のうち、江戸時代以前に造られたものが約7割を占める。築造年代の古いため池は、耐震強度が低いものや、洪水吐の規模が小さく洪水を安全に流下させることができないものなど、抜本的な改修が必要なものが多い。このため、ため池の改修による防災減災対策に際しては、以下の事項についての調査が必要である。

①　堤体、基礎地盤などからの漏水

②　堤体のクラックおよび変形

③　洪水吐の断面や余裕高

④　基礎地盤の透水性

⑤　取水施設の破損、機能低下

⑥　安全管理施設や取水施設の能力

⑦　周辺の自然環境や景観との調和等

⑧　耐震設計

２．改修の必要性を判断する際に留意すべき内容

　漏水については、漏水箇所、にごり具合、時間的な変化（増加傾向の有無）に着目して老朽化、改修の緊急度を判断する。

　堤体のクラックおよび変形に関しては、堤体積の減少割合（当初に比べ5%以上減少していないか）や上流側の保護工が破損していないか、に注目する。

　洪水吐や余裕高については、新たな計画洪水量（200年確率の洪水流量の1.2倍）が安全に流下できる形状と余裕高が確保されているかを確認する。

　堤体下部の基礎地盤については、透水性が10^{-4} cm/sを超える部分の有無を確認する。

　取水施設の破損、機能低下がないか、水路のライニングやゲートについて機能診断を実施する。

　豪雨、地震時の堤体の安全確保のため、内水位を所定の高さまで1日で降下させる能力を持つ取水施設あるいは底樋等の緊急放流施設の有無を確認する。

　円弧すべり面スライス法により地震力を考慮した安全性の確認（レベル1地震動（供用期間中に1度は発生する確率の地震動）に対して健全性を損なわない耐震性能が目標）を行う。

３．改修の優先順位を判定する手順

　上記の調査結果に基づきため池の機能診断を行い、老朽化の程度を判定する。

　老朽度に基づき被災のリスクを評価する。

　被災した場合の影響度から個々のため池の重要度を評価する。

　以上の内容を総合的に判断し、整備に要する予算や期間を勘案して、優先順位を決定する。

> Q8　環境配慮計画
> 　(1)　検討すべき事項
> 　(2)　手順
> 　(3)　留意事項

1．調査検討すべき事項

　農業農村整備事業が対象とする堰（河川）、水路、水田、ため池などの農業水利施設は水棲生物を中心とした生物の生活史に深く結びついている。その関係は施設ごとに異なり、生物の種類によっても多様である。環境配慮計画の策定に当たっては、事業による施設の新設・改修などにより影響を受ける生物種の特定とその影響の度合いを推定することが最も重要である。そのうえでミティゲーション5原則を踏まえて、どのような対策により、どの程度の配慮を行うかを、事業実施における経済的負担に加えて維持管理段階での経済的・人的負担も念頭に置いて検討する必要がある。

2．計画立案の手順

○概査の実施

　現地踏査および文献・聞き取り調査等により、地域環境の概要や農家を含む地域住民の意向などを把握する。

○基本理念の整理

　概査の結果を踏まえ、地域が目指す将来の地域環境の姿およびその実現に向けた基本的な考え方を基本理念として整理する。

○注目すべき生物の選定

　地域に生息する生物の中から、生態系上の指標性（上位性、典型性、特殊性、希少性）や地域住民との関係などを踏まえて、事業による生態系への影響を把握するための代表となる生物を、注目すべき生物として選定する。

○精査方針の作成

　注目すべき生物の生息・生育環境（ハビタット）や移動経路（コリドー）（以下合わせてエコロジカルネットワーク）とその事業による影響を把握するために、精査を行う項目や範囲を検討し、精査方針を作成する。

○精査の実施

注目すべき生物のエコロジカルネットワークを明確にし、事業による生態系への影響の内容と程度を予測する。

○環境保全目標の設定

基本理念に基づき、地域が目指す将来の地域環境の姿およびその実現に向けた基本的な考え方を環境保全目標として設定する。

○保全対象生物の設定

概査の段階で選定した注目すべき生物を基本に、調査結果や環境保全目標を踏まえて地域の生態系の代表となる生物を保全対象生物として設定する。

○環境配慮対策の検討

保全対象生物のエコロジカルネットワークを保全・形成するうえでの位置づけに応じ環境配慮対策を行う範囲を設定する。設定したエリア内において、事業による影響の緩和やネットワークの阻害要因を解決するための対策を設定する。

○環境配慮に係る維持管理計画の検討

環境に配慮して計画された施設について、環境配慮対策の効果を持続させるための体制および手法等を含めた維持管理計画を検討する。

○環境配慮計画としての取りまとめ

以上の検討を踏まえて、環境保全目標や環境配慮対策等を取りまとめ、事業地区において設計や施工、維持管理に取り組むための計画として取りまとめる。

3. 留意すべき事項

環境保全目標の設定に当たっては①わかりやすい目標であること②有識者の指導・助言を踏まえること③環境保全の取組みが経済的・労力的な負担となりがちな地域住民のメリットにつながること、に留意すべきである。

事業による影響の予測に当たっては①さまざまな視点からの予測に努め②影響の要因を具体化することで対策検討の際の着目点を明確にすること、に留意する必要がある。

保全対象生物の設定に当たっては①注目すべき生物の種間の関係（捕食－被食の関係や共生関係など）②事業との関係（影響の程度など）③地域住民との関わりなどに着目して設定する必要がある。

　また①住民参加による維持管理や②将来にわたり継続的に管理が行われる実現性に留意し維持管理計画を検討する必要がある。

Q9　想定した農業地域における農業生産基盤の整備
　　(1)　現状と農業を取り巻く状況の変化、取り組むべき課題
　　(2)　課題解決に向けた整備内容と期待される効果
　　(3)　計画・実施する手順
　　(4)　技術的留意点

1．農業生産基盤の現状、農業を取り巻く状況等
　○○地区は、○○県○○部に位置し、畑作を中心とした農業が盛んな地域である。年降水量は比較的恵まれているものの、水の必要な春期・夏期に降雨が少ないため、毎年のように干ばつ被害の脅威にさらされている。
　また、農業用水は雨水および地区内小河川を水源とし、地区内の畑地はかんがい施設が未整備であるため、農家は軽トラックにタンクを積んで河川からポンプで水を汲み上げ、ほ場との間を1日に何往復もするなど、かん水作業に多大な労力を強いられており、市場の需要に即した農業の展開が難しい状況にある。
2．課題解決に向けた基盤整備とその効果
　本地区における基盤整備の課題は、安定的な農業用水の確保および畑地かんがい施設の整備である。地区内の河川は小河川で、安定的な流量の確保が難しいため、ダム等の水源施設、取水・導水施設、畑地かんがいのための配水施設等の整備が必要である。
　これらの整備によって、計画的で多様な作物生産、生産量の増加、品質の向上、営農労力の節減等が実現し、農業所得の増加、農業経営の安定化が見込まれる。また、農業後継者の確保、耕作放棄地の防止といった効果も期待される。
3．計画、実施する手順
　地域の気象・水文、地形・地質、河川流量、営農・土地利用の現状や将来の農業振興構想、農業水利の現況、農家の意向、自然環境等について調査を行う。調査結果に基づいて受益地域を決定し、事業の必要性、技術的可能性、経済性、

農家負担能力の妥当性、環境との調和への配慮などの事業の基本的要件について検討を行い、事業計画案を策定する。

　計画案については、調査、計画策定の過程で受益農家への説明や意向調査、河川管理者等関係機関との協議・調整を行いながら修正し、合意形成を図る。これらを踏まえ、土地改良法に基づく農家の同意取得などの手続を行って事業計画を確定し、事業に着手する。

4．整備を進めるうえでの技術的留意点

　整備を進めるうえでは、農家の意向や地域の状況を踏まえつつ、整備コストの削減、効率的な維持管理、環境配慮等を念頭に置いて、用水ブロックの設定、施設の選定や規模・配置等を検討することが重要である。

　特にダム等の貯水施設は、事業費も大きいため、地形・地質等を十分に調査し、技術上、社会経済上の総合的な観点から候補地を選定する。送水施設は、維持管理費も考慮して、自然の高低差（自然圧）を利用した送水方式を優先することが重要である。また、配水施設では、作物に応じたかんがい方式、除塵機、ファームポンド等地域の営農展開に即して検討を行う。

【解説】

　　平成25年度の出題を想定した解答例であるが、設問パターンから見た解答のポイントは、1．に地域の状況と課題をどのように関連づけて記述するかという点にある。解答例では用水不足が課題となっている畑作地帯を想定しているが、2．以降の展開は用水確保に係る一般的な対策等を述べており、水田地帯であってもおおむね同様の記述で対応が可能である。

Q10　排水計画の策定
　(1) 調査項目と検討事項
　(2) 策定手順
　(3) 技術的留意点

1．調査項目と検討事項

排水計画の策定に際しては、①対象とする地域の範囲や湛水による被害状況、②地域の気象・水文、地形・地質、③河川の状況、④現況の排水状況や排水慣行、⑤地域の土地利用、⑥営農状況、農家の意向等についての調査が必要となる。

①については等高線間隔が0.5 m程度の大縮尺の地形図を用いて湛水深と湛水面積の把握に活用するとともに、路線計画の検討にも用いる。②のうち気象・水文のデータについては、近傍の観測点の直近のデータを収集・利用することになるが、近年はゲリラ豪雨のような局所的・極端現象が頻発傾向にあることから、これらの情報の収集にも努める必要がある。

2．策定手順

これらの調査結果をもとに次の手順により計画を策定する。

①排水不良の原因を検討し、将来の営農・土地利用計画等を重ね合わせて事業を実施するうえで受益となる区域を特定する。

②受益区域における排水状況の診断および現況の排水能力の概定を行う。

③計画基準降雨に対して必要となる洪水排水量を推定し、これを受益区域外に排除するための合理的な排水口の位置、排水系統、排水方式などを決定し、排水系統図として整理する。

④上記③に沿って必要な施設の配置と規模、造成方法（新設、改良、更新の別）を決定し、必要な経費を算定する。

近年は、集中豪雨の増加に加え、水田利用の多様化（転作の拡大や作付け作目の多様化による水稲作から畑利用への転換）や流域の都市化等により、降雨に対する流出の応答が早くなり、湛水被害の発生が増加する傾向が見られる。計画策定に当たっては、最新の降雨データ等を用いて計画基準降雨を定めるとともに、排水不良箇所、原因等を検討し、既存排水施設の規模や排水系統の見直しなども検討する。

3．技術的留意点

農用地の排水は洪水時排水と常時排水の二つの要素により構成されるため、洪水時と常時を区別して排水計画を策定する必要がある。

自然排水と機械排水の選択も排水計画策定における重要な留意点である。維持管理に要する負担の面で自然排水が有利なのは自明であるが、外水位に影響

を受けるなど、事業効果発現の観点からは制約が大きい。自然排水可能な時間的・空間的範囲を勘案して、機械排水の範囲や両者の組合せを検討する必要がある。

　排水操作に関して旧来の種々の取り決めが設けられている地域も少なからず存在する。このような長年の排水慣行をどのように取り扱うか、は新たな排水事業を実施するうえで考慮すべき重要な事項である。排水計画を、従来の排水慣行を踏まえたものとするか、これを取り込んだ形で包括的な排水改良を図るのか、は排水計画の構想段階で十分検討する必要がある。

　また都市化が進んだ地域では、特にピーク流出量が増加しており、ピーク流出を抑えるため、洪水の分散排水や地区内での一時貯留等も検討することが重要である。例えば、必要に応じ、地域の理解を得て田んぼダムの導入を進めるなど水田の貯留機能の活用を検討することも有効である。

【解説】

　　この解答例は専門知識を問う問題への解答例として用意したもの（Q20）に加筆し作成したものである。元となる解答例では応用能力を問う問題の解答としては分量が不足することから、新たに技術的留意点を加筆し、元となる解答例の構成を変更する修正を行った。第1部にも記したが、準備した解答例を題意に応じて柔軟に修正することで、多様な出題に対応した事例としても眺めていただきたい。

Q11　耐震診断
(1) 基本的考え方
(2) 手順
(3) 留意点

---

1. 基本的考え方

　耐震診断は既設構造物が土地改良事業設計指針・耐震設計に示される要求耐震性能を確保しているかを評価するために行うものである。耐震診断結果に基

づいて耐震補強または施設更新などの対策を検討し、耐震対策の実施につなげる必要がある。

2．耐震診断の手順

　耐震診断は、次の調査すべき各項目を網羅した全体計画を作成したうえで、以下の手順により実施する。

　　・重要度区分の設定

　　・耐震性能の設定

　　・設計地震動の設定

　　・既存資料の収集・調査

　　・一次診断

　　・二次診断

　　・耐震性能の照査（診断結果）

1）対象となる既設構造物が被災した場合の①二次災害として生じる影響と②本来の機能に与える影響の大きさを総合的に判断し、施設ごとにAA種～C種までの4段階の重要度区分により分類する。

2）想定される地震を受けた際に施設が保持すべき耐震性能としては①健全性を損なわない②限定された損傷にとどめる③致命的な損傷を防止する、の3段階があり、施設の重要度区分に応じて、いずれの耐震性能を求めることとするかを決定する。

3）上記耐震性能の照査に用いるため、発生する確率が施設の供用期間中に1～2回であるレベル1地震動と、発生確率は低いが想定される最大規模のレベル2地震動の2種類の地震を設定する。

4）上記1）で分類した重要度区分に基づき耐震診断の対象とすべき既設構造物を選定し、一次診断を実施する。一次診断では建設年代・準拠基準等や設計図書等の情報に基づく概略検討により、施設の構造特性および地盤条件から耐震性能を有していないと懸念される構造物を抽出する。

5）一次診断で抽出した耐震性能の詳細な検討が必要とされた構造物を対象に、現場計測、劣化診断および地盤の調査などを行い必要となる追加情報を収集し、詳細な解析を伴う二次診断を実施する。

　二次診断では、液状化の検討や地震力を慣性力として作用させた場合の構造

物の安定性の確認（静的解析）を行うほか、必要に応じて動的解析を実施する。

3．技術的留意点

　土地改良施設としては、橋梁、頭首工、擁壁、開水路、ファームポンド、ため池、パイプライン、ボックスカルバート、ポンプ場、杭基礎など多様な土木構造物が存在するうえ、機械電気設備等も含まれるなど、多種多様である。また造成後に長期間が経過している施設では、建設当時の耐震性能は確保されていても、現時点の指針に照らせば十分な耐震性能を有していない場合も想定される。以上を念頭において耐震診断を進めることが肝要である。

　また既設構造物の耐震性能を正確かつ効率的に評価する仕組みとして、概略的な一次診断と、より詳細な調査による二次診断の2段階により判定することも、診断を実施するうえで留意しておく必要がある。

Q12　耐震対策
　(1)　基本的考え方
　(2)　方法
　(3)　留意点

1．基本的考え方

1）概要

　耐震診断の結果、既設構造物の耐震性能が不足することが判明した場合、耐震補強等の対策を検討する必要がある。対策の実施に当たっては、既設構造物が新設構造物と同等の耐震性能を有するようにしなければならない。また対象となる構造物の供用期間は原則として新設構造物と同等とすることが求められる。

　対策の検討に当たっては、構造物の重要度に加えて、地域における地震発生の切迫度を考慮し、優先順位を定めたうえで、補修・補強工法による対策、撤去・新設による対策、ソフト面による対策のいずれが適切かを検討する。

　また対象とする地震としてはレベル1およびレベル2地震動であるが、構造物の種類と重要度によりいずれの強度の地震を対象とするかを決定する必要があ

る。

2）優先順位の設定

効率的に対策を実施するため、また着実に対策を進めることで地震に対する社会的不安を抑制するため、対策の検討に当たって施設ごとの優先順位の設定は重要である。優先順位を決定するうえでの着目点は以下のとおりである。

　・構造物の損傷が人命に与える影響の度合い

　・発災後の避難・救助・救急活動および二次災害防止に与える影響の度合い

　・地域の生活環境と生産活動に与える影響の度合い

　・生産・生活機能の早期復旧に与える影響の度合い

　・地震発生の切迫度

　・構造物が構成するシステム全体の防災性能に与える影響の度合い

　・経済性

2．方法

1）補修・補強工法による対策

既設構造物に対する対策であることから、施設を供用しながら対策工事を実施することが求められる。そのため施工期間や工事ヤードなどに大きな制約がある場合も多く、また周辺環境への影響を抑制するため騒音・振動の防止対策が必要となる場合も多い。適用する工法の選定に当たっては施工性、安全性、経済性、周辺環境への影響度および維持管理の容易性を総合的に検討する必要がある。

具体的な工法は対象となる構造物により異なるが、以下に例示するような工法が実用化されている。

○橋梁や基礎構造物における鉄筋コンクリート脚柱

鋼板や鉄筋コンクリートあるいは炭素繊維を巻立てて補強する工法

○鋼製の橋脚

コンクリートの中詰めにより座屈を防止する工法

○暗渠・水路トンネル

コンクリートの打ち増しによる躯体部の補強。継手の可とう性向上。基礎地盤の改良。

○埋設管路

可とう管や内面バンドによる可とう性の向上。管路周辺の埋め戻し材の置き換えや地盤改良。

2）撤去・新設による対策

　既設構造物に残存する耐用年数が短い場合、残された供用期間に遭遇する地震に対して耐震対策を実施することで、結果的にライフサイクルコストを過剰に押し上げる危険性がある。リスクマネジメントの基本である「発生確率と想定される被害を勘案して適切な対策を講じる」という考えに照らせば、残存耐用年数が短い場合には当該施設の耐用年数を待たずに全面更新（撤去・新設）を行うという選択肢も検討する必要がある。

3）ソフト面による対策

　想定被害の程度によっては地震後の応急復旧や再建を前提とした事後対応を対策の柱とする考え方もある。例えば対象となる構造物を直接補強するのではなく、重要な機能の一部を他の施設に分散したり代替機能を有したバックアップシステムを構築しておくことで耐震対策とする考え方である。

3．留意点

1）優先順位

　優先順位は、施設の重要度を主たる要素として、当該地域における対策の切迫度合いを勘案して決定することが必要である。またリスクマネジメントの基本的な考え方に則り、施設が被災することで生じる影響（経済的損失）と対策に要する費用も優先順位決定の際には考慮する必要がある。

2）全体系のバランスの考慮

　補強後の構造物の耐震性能は、構造物全体として評価しなければならない。具体的には、例えば橋梁の場合、上部構造、支承、橋脚、基礎が、それぞれの部位ではなく全体で（一体の構造物として）地震動に対して安定である必要がある。一部位を補強することで他の部位の挙動に悪い影響を与え、損傷を助長するようなことがないように、構造物を全体系として取り扱わなければならない。

3）液状化地盤における留意点

　液状化の可能性がある地盤の場合、液状化を考慮したうえで地盤と構造物を含めた全体系での耐震性能の検討が必要である。

4）対策後の構造物の耐震性能の評価

　対策実施後の構造物の耐震性能は、定量的な方法によって評価しなければならない。そのためには供試体や実物大の模型などを用いた試験や数値解析などを評価方法として採用する。特に新工法や新材料を用いる場合には、十分な検証がなされた性能評価結果を有するものであることを確認する必要がある。

Q13　農業水利施設の機能保全計画
(1) 基本的考え方
(2) 策定手順
(3) 技術的留意点

１．基本的考え方

　機能保全計画は、施設の長寿命化とライフサイクルコストの低減を図る、いわゆるストックマネジメントと呼ばれる技術体系および管理手法のプロセスの一つである。機能保全計画は原則として施設ごとに策定するが、その策定に当たっては、管理水準の設定、劣化予測、対策工法の検討、を順次実施し、対策工事の実施までに必要な施設監視についての計画を含めてとりまとめる。各段階での具体的な策定手順を以下に述べる。

２．策定手順

　管理水準は、施設管理者や関係機関の意向を確認し、同時にリスク管理の視点も取り込んだうえで、施設ごとの重要度評価に応じて適正に設定する。

　劣化予測は、当該施設の劣化状況等を踏まえ、ひとまとまりの検討を行うことが可能な単位ごとに分類（グルーピング）し、劣化要因に応じてそれぞれのグループの状況に応じて適切な手法により実施する。

　対策工法の検討に際しては、機能診断、劣化予測等の結果を踏まえ、水利用性能、水理性能、構造性能等における要求性能の確保の観点や施工性等の観点から、妥当と考えられる対策工法を可能な限り複数設定する。設定した対策工法とその実施時期を組み合わせて対策シナリオとしてとりまとめる。この場合も、技術的妥当性や経済性の点で現実的なシナリオ案を複数設定する。

　対策シナリオごとの必要な機能保全コストを算定し、経済性に加えて施設の

重要度、想定される性能低下とそれにより生じる影響、環境への影響、維持管理における管理者の意向などを総合的に勘案したうえで、シナリオ案の中から最適と考えられるものを機能保全計画として採用する。

　施設監視計画には、監視を行う部位、監視内容と項目、その頻度、監視に当たっての留意事項、監視結果の記録方法、異常時の措置をあらかじめ定め記載する。

3．留意点

　機能保全計画の策定には、日常点検から始まり機能診断、機能保全計画の策定、施設監視、必要に応じて実施する対策工事を経て日常点検に戻るPDCAサイクルを意識したうえで進める必要がある。また機能診断の精度向上や適切な対策工法の選定などに活用するため、このPDCAサイクルの各プロセスで得られた情報をその都度蓄積し、各プロセスの実施において積極的に参照することも不可欠である。

　なお土木施設においては主に機能診断結果に基づく予防保全（状態監視保全）により機能の保全を図ることとする一方、機械設備については予防保全に加えて、設備の特性に応じて事前に設定したスケジュールや頻度での対策実施（時間計画保全）を組合せつつ機能の保全を図る必要があることにも留意する。

Q14　パイプラインの機能保全計画

　（1）基本的考え方

　（2）策定手順

　（3）技術的留意点

1．基本的考え方

　機能保全計画の策定に当たっては、機能診断の結果に基づき計画対象期間中に取り得る対応方針を複数設定し、これらを経済性等の観点から比較検討したうえで決定することが基本となる。パイプラインシステムの場合、圧力管路であり管の破裂などの事故による二次災害の発生など、大きな影響が想定されることから、一般的な農業水利施設に期待される水利用機能・水理機能・構造機

能に加えて事故等のリスクに関する性能指標も勘案し、当該施設・地区において優先して考慮すべき機能を選択し性能管理指標とする必要がある。

2．策定手順

機能保全計画の策定手順は、大きくは機能診断調査およびその結果の評価、性能劣化予測、機能保全計画の策定の3段階を経ることになる。

機能診断調査では、その結果を評価したうえで、施設の重要度および事故発生の可能性の観点からリスク評価を行い、機能保全計画における対策実施シナリオの作成に反映する。

性能劣化予測では、まず性能管理指標を選定し、続いて施設構造・管種、施設の重要度、性能低下要因により対象施設をグループ化する。そのうえでグループごとに構造性能、水利用・水理性能、事故発生リスクの観点から性能が将来にわたりどのように低下するかの予測を実施する。

続いて管理水準の設定、対策実施シナリオの作成、シナリオごとの機能保全コストの算定と比較を経て、複数の保全計画案を作成し、関係機関と合意形成を経て、機能保全計画として取りまとめる。

管理水準は、構造物として見込むべき適切な安全率を考慮し、施設の重要度と経済性を勘案し設定する。

対策実施シナリオにおいては、対策工法の選定が重要な要素となるが、対策実施により期待しうる性能レベルとコストから総合的に判断する。またシナリオでは補修・補強か大規模な更新かだけでなく、当面は対策を行わず機能監視を継続することや供用制限などにより対応することなども併せて検討する。

3．技術的留意点

パイプラインシステムの場合、施設の大半が地中に埋設されていることや圧力管路による水利システムとして機能を発揮していることから、開水路と比較して機能診断や性能劣化予測が困難な場合が多い。そのため施設機能の監視を当面の内容としたうえで、施設の重要度や使用環境条件を勘案して機能診断のサイクルを決定し、次回以降の機能診断を通じて診断結果や性能劣化予測の精度を段階的に高めていくような対応をとることも検討すべきである。

一方、リスク評価の結果、事故発生の危険度が高く、早急に対策を検討すべきと判定された施設や、逆に危険度が低く事後保全を前提とした継続監視が適

当と判定された施設については、性能劣化予測のプロセスを経ずに対策実施シナリオの作成に着手するという柔軟な対応も選択肢の一つである。

Q15　老朽化した開水路の機能保全計画策定に向けた機能診断
(1)　調査・検討すべき事項と内容
(2)　業務実施手順と留意点、工夫を要する点
(3)　効率的な業務実施のための調整方策

1．調査検討すべき事項と内容

　農業水利システムは農業用水を供給することを目的としており、そのための機能は水利用機能、水理機能、構造機能に分類される。

　機能診断の目的は対象施設の劣化の度合いを可能な限り定量的に把握し、劣化の要因を特定することである。水利システム全体の機能について全容を把握し、その結果に基づき施設の劣化予測や対策工法の検討に必要な情報を収集する。

　具体的には機能診断調査は①事前調査、②現地踏査、③現地調査の3段階にて実施する。

　事前調査では設計図書や管理記録等の文献調査および施設管理者からの聞き取り調査を通じて基本的情報を把握し、現地踏査や現地調査の実施方法を検討する。

　現地踏査では調査対象施設全体について遠隔目視することで、施設の劣化状態やその要因を大まかに把握し、調査の単位や定量的な調査項目の決定などの現地調査の内容を確定させる。

　現地調査では近接目視、計測、試験等により施設の状態を定量的に把握する。

　機能診断調査の結果に基づき、劣化状態と劣化要因を評価し、対象施設の変状がどの程度のレベルにあるかを総合的に把握することで健全度を評価する。

　健全度は施設に求められるさまざまな機能から評価することが必要である。

　農業水利施設に求められる性能のうち、水利用性能および水理性能は構造性能の低下に起因することが多いため、例えばコンクリート構造物などの場合、

159

ひび割れ等の外形的な構造状態から評価する。

　健全度評価は変状の程度から健全度ランクにより判定する。この場合、部材の劣化等の外部要因、外力による変形などの外部要因、部材同士のずれ等のその他要因のそれぞれにより判定する。

２．業務実施手順と留意事項

　①事前調査、②現地踏査、③現地調査の順に調査を実施したのち、調査結果について①劣化要因の推定、②健全度の判定、③対象施設のグルーピングの順に評価をとりまとめる。

　更新整備の場合は現況の水利システムの機能・性能を適切に評価したうえで、要求される機能・性能を特定していくという視点が重要である。構造面に加えて施設造成時と現在の営農形態や土地利用形態等の変化に伴う用水需要や水管理方法の変化を考慮し、地域営農の展開方向を踏まえたうえで調査と評価を行うことが必要である。

３．業務実施の効率化

　施設の種類、構造、主な劣化要因、劣化の程度等によりグルーピングすることで、対策の要否や対策工法の比較検討の作業の一部の共通化が図られ、業務実施の効率化が可能となる。

【解説】

　　令和4年度の出題は老朽化した開水路を対象としていたが、今後の出題では他の工種が対象となることが予想される。そのため解答案としては機能診断調査と評価の一般的な内容を強調した内容とした。

Q16　農業用パイプラインの機能保全計画
　(1) 調査・検討すべき事項と内容
　(2) 業務実施手順と留意点、工夫を要する点
　(3) 効率的な業務実施のための調整方策

1．調査検討すべき事項

(1) パイプラインの機能と性能管理

パイプラインは農業用水を送配水するための機能を有しており、これらの機能は水利用機能、水理機能、構造機能に分類される。さらに農業水利施設全般に求められる安全性・信頼性といった社会的機能も求められる。パイプラインの性能管理は、外形的な構造状態だけでなく、水利用機能、水理機能に関する指標に着目することが重要である。

(2) 性能低下となる変状

パイプラインに生じる変状を機能により分類すると次のとおりである。

水利用・水理機能に係る変状としては①漏水と②通水性能低下である。

構造機能に係る変状としては①管体破損、②ひび割れ、③変形・たわみ、④接手部・接合部の変状、⑤沈下・蛇行、⑥管内面腐食、⑦管外面腐食が挙げられる。

(3) 調査

保全計画の策定において調査すべき事項は、対象施設の機能の状態や劣化状況等およびその要因である。調査は次の3段階に分けて、それぞれ次の手順により実施する。

①事前調査

設計図書、管理・事故・補修歴等の文献調査やデータベースの参照、施設管理者からの聞き取り調査などにより、施設の重要度評価やリスクの把握に必要な情報を含む基本的情報を収集し、現地踏査や現地調査の実施方針を検討する。

②現地踏査

専門的な知見を有する技術者による対象施設の巡回目視により、パイプライン埋設位置の地上状況の確認、露出配管（水管橋）・付帯施設（通気施設・保

護施設・調整施設等）の外観調査を行い、劣化要因の推定を行う。現地踏査の結果を踏まえて現地調査の単位、定量的な調査を行う項目を決定するとともに安全対策を含めた現地調査の詳細な実施方法を検討する。

③現地調査

漏水試験、水圧調査、流量調査等の定量調査を地上から間接的に実施するほか、近接目視、計測、試験等を管内から直接実施する。

2．保全計画の策定に至る手順

（1）機能診断評価

上記の一連の調査の結果で明らかになった施設の状態に基づき健全度を評価する。この評価は主として構造機能に係る指標に基づいて、対象施設の変状がどの程度のレベルにあるかを総合的に評価することが基本である。

（2）保全計画

当該パイプラインの農業用管路として必要な性能や機能、目的、現場条件、耐久性、維持管理対策、施工の難易度、経済性等を総合的に勘案して、技術開発の動向も踏まえて適切な対策工法を計画する。

3．留意点

現地調査の内容は、事前調査と現地踏査で得られた情報および施設の重要度や経過年数等を踏まえて対象範囲を絞り込み、調査項目を適切に組み合わせるよう留意する。

機能診断評価の際は、状況に応じて水利用機能や水理機能に係る指標も考慮する。

対策工法については発展途上の工法も多く、また施工実績が少ないものもある。現地への適用後の経過年数が短く技術的評価が定まっていないものや、統一された品質基準が規定されていないものもあることに留意して、工法の選定を進める必要がある。以下に工法の選定および設計における留意点を列挙する。

（1）対策工法の選定における留意点

　①施設個別の施工条件、使用環境条件に留意し、早期の再劣化、施工時の不具合の生じることのない工法を選定する。

　②開削工法が可能な場合には、開削・非開削工法の経済比較を行い総合的に検討する。

③当該施設の劣化状況を考慮し、必要とする性能を有する工法・材料を選定する。

④現場条件(施工時期・期間、周辺環境等)を考慮し性能が確保できる工法・材料を選定する。

⑤経済性や周辺環境に配慮することが重要である。

⑥長寿命化対策技術の発展のために新技術の活用を積極的に検討することが望ましい。

(2) 対策工法の設計における留意点

①対策工法には既設管の強度を期待しない改修工法と、強度に期待する補修・補強工法の別があり、工法により設計手法が異なるため、適用条件等を十分に把握したうえで構造検討を行う。

②非開削による対策工法の場合、通水断面が縮小されることが一般的なことから、必要な通水能力が確保されるよう、粗度の改善を合わせて検討する。

③工法によっては屈曲部にシワが生じることで通水断面が縮小することから、必要な通水能力が確保できるか確認する。

④農業用管路は内圧が作用するため、設計水圧に対して安全性を確保していることを確認する。

⑤対策工法の実施により通水状況に変化が生じる場合がある。必要水位が確保できない事態とならないよう、スタンド、分岐工、弁類等の既設構造物に影響がないことを確認する。

⑥施工区間の作業スペースを確保するため現場条件を十分に把握する。

⑦断水の可否を含めて通水量や通水期間等の通水条件を把握したうえで施工計画に反映する。

⑧維持管理を容易とするような管理施設の設置を検討する。

4. 効率的な実施

　事前調査、現地踏査、現地調査の3段階の調査を踏まえて機能診断を実施することになるが、前段の調査で得られた情報が次の調査の範囲や内容を決めることとなる。この関係を意識して調査を実施し、適切に取りまとめることが業務全体の効率化につながる。

【解説】

　　令和3年度の問題の解答例としては、前著より再掲したQ14に若干の加筆修正を行えば十分対応できる。そのためここでは題意を離れてパイプラインの保全管理の観点から少し広範な解答例とした。

Q17　開水路のパイプライン化計画
　(1)　調査・検討すべき事項と内容
　(2)　業務実施手順と留意点、工夫を要する点
　(3)　効率的な業務実施のための調整方策

1.　調査検討すべき事項と内容

　一般的なかんがい事業計画の場合、①受益地調査、②気象等調査、③営農経済調査、④水利現況調査、⑤水源現況調査、⑥施設地形測量、⑦地質調査、⑧環境に関する調査を実施する。開水路のパイプライン化に当たっても基本的には同様の調査を実施することとなる。また開水路を造成した従前の事業計画と比べて用水需要が変化していることも想定されるため、特に③営農経済調査、④水利現況調査、⑤水源現況調査により、用水需要の変化の状況を把握することも必要である。

2.　計画の策定手順

　①概査、②基本構想の策定、③精査、④調査結果の取りまとめ、⑤施設計画の策定の手順を経て、事業計画を策定する。

3.　留意事項

　開水路と比べたパイプラインの特徴としては、パイプライン化に伴い需要主導型の水管理が可能となる、という点が挙げられる。その結果、通水量の変動幅が大きくなることが想定されるが、構造的にはパイプラインのほうが通水断面に余裕が少ないことに留意が必要である。そのため送配水系統中に適宜ファームポンドを配置することで、需要量の変動に柔軟に対応できる施設設計とする工夫が求められる。

　またパイプラインは開水路に比べて地形条件から受ける制約が小さいことか

ら路線計画の自由度が高い。

　そのため事業費の縮減、維持管理負担の軽減、更新工事の制約条件の最小化などを目的として、従前の路線を大胆に見直すことも検討する必要がある。

４．効率的な業務実施

　パイプラインはクローズド、セミクローズド、オープンの３つの形式に分かれる。用水需要に応える自由度が異なることから、形式別の得失についての情報を十分に開示したうえで、パイプライン化後の水利用について受益農家の意向を踏まえて、形式の決定を進めることが手戻り防止に効果的である。

　また路線の大幅な変更を伴う計画とする場合は、用地の確保が事業実施上の障害となることが少なくない。そのため業務の効率化の観点からは、路線計画に先立ち用地確保の可否について市町村や土地改良区などの地域の事情に精通した者から情報収集を進めておくことが有効な調整方策となる。

　Q18　整備済み水田の利用高度化に向けた再整備計画
　　(1)　調査・検討すべき事項と内容
　　(2)　業務実施手順と留意点、工夫を要する点
　　(3)　効率的な業務実施のための調整方策

１．調査検討すべき事項とその内容

　すでに30 a区画で整備された水田の再整備による利用の高度化では、さらなる生産費の低コスト化や担い手への農地集積・集約化による経営規模の拡大、麦・大豆等の戦略作物や高収益が期待される畑作物の導入・生産拡大などを目指した生産基盤のさらなる機能向上を図ることとなり、整備計画としてはほ場の大区画化と暗渠排水や排水路の整備による農地の汎用化が具体的な内容となる。

　このような整備を進めるためには、当該地域の地形が平坦でほ場の排水性が良好であることなどの大区画化の要件が満足されていることや、地域に経営規模拡大の可能性があること、栽培技術の蓄積・水準が高いことなどが必要であり、調査においては、地域ごとに作成される人・農地プラン、水田フル活用ビ

ジョンなどを踏まえ、必要に応じて農地中間管理機構と連携した農地集積の推進等も念頭に置きながら、地域の状況を把握し、農地の整備手法等の検討を進めていくことが重要である。

2．再整備計画策定の実施手順

　調査において把握した地域の気象・水文、地形・地質等の状況や、営農・土地利用状況、人・農地プランなどの地域農業の将来構想、農家の意向等を把握し、水田の大区画化や汎用化を進めるための基盤整備の手法、整備費用と費用負担の方法、施設の管理方法等について検討を行い、生産基盤の整備計画を策定する。

　また、調査・計画検討の過程で、農家をはじめとする地元関係者への説明や意向調査、調整を行いながら、計画案を適宜修正し、関係者の合意形成を図ることも重要である。これらを踏まえて、最終的には整備計画案について農家の同意を取得し、計画を確定する。

3．再整備計画策定に当たっての技術的留意点

　ほ場の大区画化を進めるに当たっては、整備コストの削減も重要な課題であり、ほ区が均平な場合は、現況の用排水路や農道を活かし、畦抜き工法により大区画化の実現を図るなどの工夫も必要である。

　また、汎用化を進めるに当たっては、畑作物は一般に湿害に弱く、特に麦・大豆は干害と湿害が問題になるため、作物や栽培時期に応じて地下水位を適切に保つ必要がある。非かんがい期でも地下水位の高い水田や土壌の透水性が悪い水田では、地下水位を低下させるための排水の強化が必要であり、大規模ほ場の整備においては、区画規模、排水条件、暗渠排水、農業機械の利用、輪作体系等を十分に検討する必要がある。

　さらに、担い手農家の負担軽減の観点からは、大規模化のスケールメリットが発揮されにくいほ場レベルでの管理のさらなる省力化を検討することも重要であり、水管理の負担を軽減する地下かんがい、開水路のパイプライン化、自動給水栓の設置等について検討を行う。

　なお、農業基盤の整備に係る地域の話し合いの機会を活用し、農地の集積等と併せ6次産業化等の地域農業の振興策について検討を進めることも重要である。

4．業務効率化のための調整方策

ほ場整備は私有財産の権利関係を変更する行為を伴うため、土地所有者の意向に沿った整備計画となるよう取りまとめることが不可欠である。そのため整備を行うか否かを判断する段階から始めて、整備方針や内容の確定、換地計画案の作成など、再整備計画を策定する過程で丁寧な説明を頻繁に行い、関係者の合意を積み上げる形で業務を進めることが結果的に業務の効率化につながる。

【解説】

　　この解答案は前著より再掲した解答案Q3に最低限の修正と題意に対応する加筆を行って作成した。解答案としての完成度よりは事前に準備した内容を出題に合わせて修正して対応する場合の例として見ていただきたい。

Q19　ため池の耐震性能照査

(1) 調査・検討すべき事項と内容

(2) 業務実施手順と留意点、工夫を要する点

(3) 効率的な業務実施のための調整方策

1．概論

ため池の耐震性能照査は、当該ため池の重要度区分により、その内容が異なる。重要度A種の場合はレベル1地震動に対する液状化の検討の後、レベル1地震動に対する照査を行う。重要度AA種では、レベル1地震動に対する照査の後、レベル2地震動に対する液状化の検討と照査を実施する必要がある。

2．レベル2地震動に対する耐震性能照査の実施手順

照査は次の手順により実施する。

①基礎地盤および堤体物性値の設定

②許容沈下量の設定

③入力地震動の設定

④入力地震動を設計水平震度に換算

⑤設計水平震度を用いて基礎地盤および堤体の液状化を検討

⑥液状化に対する安全率が1を上回ることを確認した場合、耐震計算を実施

⑦耐震計算の結果、沈下量が許容値を上回った場合は、対策工を検討

⑧対策工施工後の物性値等を用いて耐震計算を再度実施

⑨沈下量が許容値を満足するまで⑦⑧の過程を繰り返す

3．調査内容

　上記手順による照査を実施するうえで、基礎地盤および堤体の物性値が不可欠である。そのため基礎地盤および堤体を対象とした土質調査を実施し、土質定数を収集する必要がある。必要となる土質定数は、①N値、②液性限界、③塑性限界、④単位体積重量、⑤粒度分布などである。

4．留意すべき事項

　ため池の場合、築堤年代すら不明なものも多く、断面形状、築堤材料、施工方法など、土木構造物を構成する基本的な情報が残されていないことも珍しくない。その場合は物性値の設定のためには、ボーリングにより採取したサンプルを用いた土質試験によらざるをえない。信頼できる物性値の設定のために適切な位置からの十分な量のサンプルを確保することが重要である。

5．効率的な業務実施のために

　耐震性能照査は高度な解析計算が幾次にも求められる重厚な業務である。手戻りの発生は業務の大幅な遅延に直結することから、物性値や入力地震動などの初期条件の設定は慎重に行う必要がある。特にボーリング等の外業が不可欠な土質定数の設定については、手戻りのないように十分なサンプルの採取に基づき慎重かつ適切に行うことが、業務の効率化に不可欠である。

　対策が必要となった場合は、対策後の再計算を何度も繰り返すことのないように、複数の対策工法を検討し、効果と経済性から優先順位をつけたうえで、対策後の耐震性の確認を行うことが効率的な業務実施につながる。

【解説】

　　ため池の耐震性能照査についての一般的な情報を整理する目的で、解答の範囲や項目立ての順番などについて、あえて実際の問題から逸脱した形で構成した解答案とした。

　　また、ため池については少し古い資料だが土地改良事業設計指針「ため

池整備」が計画・設計・施工に関する包括的な情報を提供してくれるので、農林水産省のWEBサイトなどにて一読をお勧めする。

Q20　ため池の改修設計
(1) 調査・検討すべき事項と内容
(2) 業務実施手順と留意点、工夫を要する点
(3) 効率的な業務実施のための調整方策

1．調査検討すべき事項

　ため池の改修設計に際し実施すべき調査事項とその内容は以下のとおりである。

①堤体、基礎地盤などからの漏水

　堤体盛土部、堤体と基礎地盤または両岸地山との境界部のほか、底樋や洪水吐等の堤体横断施設の周囲から漏水が発生する、あるいは局所的に漏水が認められる場合はパイピング等の危険性が高いため、特に緊急措置をとる必要がある。改修の必要性は漏水量や利水に与える影響により判断するが、底樋周辺からの漏水の場合は量が少なくても漏水箇所、濁り具合、時間的変化に着目して判断する必要がある。

②堤体のクラックおよび変形

　堤体断面が完成時に比べて5％以上変形している場合は改修を前提とした検討を行う。クラックはパイピングを引き起こす危険性があるため、漏水の状況と合わせて検討の材料とする。

③堤体の余裕高不足

　洪水吐機能の改良により設計洪水位を下げるか、あるいは堤体の嵩上げにより対応する。

④堤体断面形状の変状

　堤頂幅の不足や急傾斜でのり面が不安定な場合は、改修対象となる。また上流側ののり面保護工の破損、下流側ののり面浸食も改修対象である。

⑤高い浸潤線位置

169

　下流側のり面の浸出位置が高い場合は、漏水量と合わせて改修を判断する。

⑥洪水吐の機能低下または通水断面不足

　洪水吐の能力不足がため池の決壊の主要因の一つであることから、洪水吐の機能を評価し判断の材料とする。

⑦取水施設の破損、機能低下

　底樋や斜樋などの破損や周辺の基礎地盤または堤体の浸食も決壊につながるため、改修を検討する。また底樋周辺の堆積土も放流機能の低下を引き起こすことから浚渫を検討する。

⑧安全管理施設の機能低下または不備

　埋設計器、水文観測機器、流木除去装置、警報装置などもため池の安全管理上は重要な施設であることから、機能低下等が認められる場合は改修を検討する。

２．実施手順

　ため池は水源施設として農業用水の安定供給に不可欠な施設である一方、歴史的な成立過程を通じて周辺地域にとっては生物の生息・生育環境や良好な農村景観を提供する二次的自然としても重要な施設である。そのため、ため池改修の設計は、主要構造物の設計に加えて環境配慮の設計も併せて検討する必要がある。また耐震性能の照査も改修設計において重要な検討事項である。

　（1）主要構造物の設計手順

　①ため池の構造・機能調査、②設計洪水流量の算定、③ため池改修工法の選定を経て④堤体の設計を行う。④堤体の設計の後、付属構造物、洪水吐、取水施設、その他の構造物の設計を並行して実施する。

　（2）耐震性能照査の手類

　対象ため池の重要度区分に応じて異なる手順で照査を実施する。

　AA種の場合は、①レベル1地震動に対する照査、レベル2地震動に対する②液状化検討と③照査

　A種の場合は、レベル1地震動に対する①液状化検討と②照査

　B種の場合は、①レベル1地震動に対する照査

をそれぞれ実施し、必要な耐震性能を有しているかを判定する。

　（3）環境配慮の設計手願

第1段階として文献調査、聞き取り調査、現地調査による概査を実施する。この結果、環境への影響度が大きいと判断される場合は、より詳しい現地調査（精査）を実施し、保存対象種の設定、対象エリアの設定、環境配慮対策の検討を行い、堤体および周辺についての環境配慮設計を堤体の設計に反映する。

３．留意すべき内容

改修設計に当たってはため池を取り巻く環境を評価し、ため池の形態・規模に応じた適切な考え方により行うことに留意する。

具体的には既存資料や管理者から得られる情報を整理し、ため池を取り巻く現況および将来の環境を適切に評価し、ため池を構成する各施設を設計することが必要である。

４．効率的な業務実施のための方策

ため池のおかれている環境によっては、想定される被害や下流の状況に応じて貯水容量を見直したり洪水調節機能を付加することで、効率的な設計とすることが可能となる。

【解説】

ため池の改修を扱った解答案としては前著再掲のQ7があるが、本書では土地改良事業設計指針「ため池整備」を踏まえて新たに解答案を作成した。

Q21 ため池の機能診断・健全度評価

(1) 調査・検討すべき事項と内容

(2) 業務実施手順と留意点、工夫を要する点

(3) 効率的な業務実施のための調整方策

１．調査検討すべき事項と内容

機能診断・健全度評価に先立ち１次調査を行い、確認された変状や損傷を中心に、以下に列記する事項について２次調査を実施する。

①堤体の変形

②堤体の漏水

③浸透量・浸潤線

④変形

⑤基礎地盤および基礎処理工

⑥貯水池内および堤体周辺ののり面と斜面

⑦洪水吐

⑧放流施設

⑨取水施設（斜樋・取水トンネル・底樋）

⑩ゲート等の機械施設

2次調査では上記の各事項について、その調査結果を安全性への影響度により点数化して評価する。

2．業務実施手順

機能診断・健全度評価のための2次調査の大きな流れは①前回の2次調査あるいは2次調査に先立つ1次調査の記録の確認（事前作業）、②改修歴・事故歴や基本図面、ため池管理日報などを整理する文献調査、③調査事項について行う現地点検作業、④調査結果の取りまとめ作業、⑤健全度の評価、である。

現地点検作業から健全度の評価までの手順は堤体および基礎地盤と付帯構造物等で異なり、堤体および基礎地盤（1．の①から⑥の調査結果）は次の手順により実施する。

・現地点検作業において1．に列記した各事項についての調査結果を点数化

・各事項を変状ごとにとりまとめ、点数を集計し、合計値により4段階の判定

また付帯構造物（洪水吐、放流施設、取水施設）および機械施設（ゲート等）については上記1．⑦から⑩の評価結果に基づきS-5からS-1の健全度ランク判定を行う。

3．留意事項

これまで述べた調査内容や実施手順は、土地改良事業設計指針「ため池整備」に基づき築造、改修または安全性が確認されたため池を対象としたものである。「その他のため池」の場合は、この設計指針に示す諸元を満足することが確認されていないため①余裕高、②堤頂幅、③洪水吐の流下能力、がそれぞれ確保されているか、について特に留意して検討する必要がある。

4．業務の効率的な実施に向けて

施設の健全度を高い精度で評価するためには、劣化予測の高度化などを含めて、過去の評価結果とその後の補修歴などの実際の劣化状況を関連づけて、評価手法を改善していく取り組みが必要であるため、施設ごとに調査・評価および事故・補修などの履歴を保存・蓄積することが重要である。定まった様式に時系列で整理することでデータベース化を進め、適宜参照することが業務の効率化に資することとなる。

【解説】

　機能診断・健全度評価は、その結果によっては改修設計につながるものである。そのため、ため池の現況についての調査項目などは改修設計と共通する点も多い。一方、機能診断については農林水産省により「ため池機能診断マニュアル」が公開されており、この解答案作成でも参考にした。ため池関連の各種資料については農林水産省のWEBサイトから「ホーム＞農村振興局＞農村地域の防災対策と災害復旧＞ため池とたどったページにとりまとめられている。

Q22　更新事業における用水量算定業務
(1) 調査・検討すべき事項と内容
(2) 業務実施手順と留意点、工夫を要する点
(3) 効率的な業務実施のための調整方策

---

1. 調査内容

　かんがい用水の用水量算定に当たっては、基本的には新規地区における用水計画策定に準じることとなり、①受益地調査、②気象等調査、③営農経済調査、④水利現況調査、⑤水源現況調査、⑥施設地形測量、⑦地質調査、⑧環境に関する調査を実施することとなる。この中で特に③営農経済調査、④水利現況調査、⑤水源現況調査により、用水需要の変化の状況を把握する調査が必要となる。

2. 実施手願

調査は大きくは概査と精査の2段階で実施し、概査を通じて用水計画の基本構想を策定したうえで、精査により上述の各調査を実施し、用水計画を確定する。用水量の算定方法は水田と畑地で異なり具体的には以下に述べる手順にて行うこととなる。

(1) 水田かんがいにおける用水量の算定

①ほ場における減水深（蒸発散量＋浸透量）と栽培管理用水量からほ場単位用水量を算定。

②ほ場単位用水量から有効雨量を差し引き、面積を乗じて純用水量を算定。この場合、有効雨量は一般には、日雨量5 mm以上80 mm以下の降雨の80％を見込む。

③純用水量に施設管理用水量（送水損失水量、配水管理用水量など）を加え、粗用水量を算定。

④粗用水量から地区内利用可能水量（反復利用量＋補助水源量）を差し引き、計画用水量を算定。

(2) 畑地の用水量の算定

①計画日消費水量と配水管理用水量を、ほ場におけるかん水の過程で失われる損失水量を考慮した適用効率で除して、ほ場単位用水量を算定する。

②ほ場単位用水量から有効雨量を差し引き、面積を乗じて純用水量を算定する。

③純用水量を、水源からほ場までの送水の際に失われる送水損失水量を見込んだ搬送効率で除して、粗用水量を算定する。

④粗用水量から地区内利用可能水量（補助水源量）を差し引いて計画用水量を算定する。

3. 留意事項

用水需要の大半を占める水田の用水需要には大きな期別変化があることに留意が必要である。移植方式の水田では、大きく苗代期、代掻き期、普通期に分かれるが、代掻き用水は代掻き、田植えという短期間だけに利用されるものの非常に多くの水量を必要とする。そのため一定期間を設定して順次代掻きを行う設定により必要水量を算定する必要がある。

また当該業務は既存地区の更新計画のため、既存の水利権、用排水施設の位

置と構造、地区内における水利慣行など、既存の条件を前提にしながら計画を立てる必要がある。

　さらに作目の多様化や農地転用の影響を受けて、地区内の水利用形態が大きく変化していることが想定される。特に水田の受益面積の減少は余剰水を生じている可能性があり、この余剰水を他の農地に振り替えることを検討する必要がある。

４．効率的な業務実施に向けて

　農地転用による受益面積の減少がそのまま用水需要の減少につながるわけではないという論理は農業関係者以外には受け入れがたい面もあることを理解する必要がある。そのため河川管理者とは早い段階から情報交換を行い、更新事業計画の中で河川等からの取水量をどのように位置づけようとしているか、をあらかじめ説明し河川管理者が受入れ可能な形で水利権量を設定するよう図ることが重要である。

【解説】

　　専門知識を問う問題のQ4Q5Q6および応用能力を問う問題のQ4を素材
　として題意に沿うよう加筆した。

3. 問題解決能力及び課題遂行能力を 問う問題

　令和元年度からの4年間で出題された計8題のうち題意が類似する1題を除く7題についての解答案を以降に掲載した。また必須科目の問題についても令和元年度の2題について解答案を用意した。これは倫理に関する設問（4）を除いては設問が共通であることに加えて、食料安定供給や農村整備に関する出題の場合、課題や解決策を農業農村工学の範疇で論述できると考えたからである。実際に平成30年度以前の課題解決能力を問う問題のために用意した解答案の中には、必須科目として出題された問題とかなり類似のテーマを扱ったものがある。そのため前著において課題解決能力を問う問題のために用意した解答案もQ10以降に再録した。設問が異なるためこのまま解答案とすることは適当でないが、課題と解決策及びリスクという解答案の核となる部分は活用できるものもあるので、試験対策の材料として活用されたい。

表2.4　問題解決能力及び課題遂行能力を問う問題

出題テーマ	関連する過去の問題
Q1　農業水利施設の効率的な機能保全	R1　Ⅲ－1
Q2　大規模土地利用型農業の展開のためのほ場整備計画	R1　Ⅲ－2
Q3　大規模かんがい事業地区での水利施設の更新計画	R2　Ⅲ－1
Q4　排水ポンプ場の更新計画	R2　Ⅲ－2
Q5　維持管理負担を軽減する水利システムの再構築	R3　Ⅲ－1
Q6　環境に配慮した農地整備	R3　Ⅲ－2
Q7　総合的な防災・減災対策	R4　Ⅲ－2

（令和4年度出題の「水田農業の構造改革に向けた農地整備」はQ2類題と扱い省略）

表2.5 必須科目

出題テーマ	関連する 過去の問題
Q8　食料の生産や供給体制の改革	R1　Ⅰ－1
Q9　農業の持続的発展と農村の振興対策	R1　Ⅰ－2
（以下解答案省略）	
生産・流通現場の技術革新	R2　Ⅰ－1
目指すべき農業農村の実現に向けた整備	R2　Ⅰ－2
農業の成長産業化	R3　Ⅰ－1
農業農村の振興のための対策	R3　Ⅰ－2
イノベーションによる食料・農林水産業の生産性向上	R4　Ⅰ－1
現下の厳しい環境に対応した農業生産基盤の整備	R4　Ⅰ－2

> Q1　農業水利施設の効果的な保全についての課題・解決策・リスクと対策

1．機能保全を図るうえで考慮すべき農業水利施設の特徴

　農業水利施設は、水源を確保するためのダム、取水を目的に設置される頭首工、送配水施設としての水路網、適切な取水・配水のための水管理施設など、多種多様な施設で構成されている。また施設単位でもダムであれば堤体本体、取水ゲートやバルブ等の機械設備など異なる機器等により構成されている。さらに同じ種類の施設であっても施工方法や材料が異なる場合もある。そのため同時期に建造された施設群であっても施設ごと、さらには各施設の設備ごとで異なる劣化状況が生じることとなる。

2．農業水利施設の特徴を踏まえた機能保全に向けての課題

　劣化の状況や要因およびその進行速度が異なる多様な施設群で構成される農業水利施設をシステム全体として効率的に機能保全を図るうえでは、個々の施設・設備の劣化状況を正確に把握し、対策が必要な施設・設備を確実に抽出し、適切な保全計画を立案したうえで、着実に対策を講じる、というサイクルを、

絶え間なく実行し続けることが必要となる。

そのための技術的課題を以下に述べる。

(1)　劣化状況の診断技術

土木構造物を例にとれば、最も基本的な劣化状況の診断手法としては、近接目視や打音による調査が挙げられる。この方法での診断が困難な施設や設置場所等の条件に対応するためには、UAVを用いるなどさまざまな新技術の開発が継続的に進められている。今後も多様な施設の特性とその設置場所や利用形態などの施設固有の条件に対応して適切に劣化状況を診断できる技術開発を進めることにより、診断技術の高度化を図ることが必要である。

(2)　対策の要否判断と保全計画策定のための劣化予測技術

施設の適切な保全管理のためには、現時点での劣化状況に基づき対策実施が必要か否かを判断することと、劣化状況の将来予測に基づき適切な対策実施時期を設定する保全計画の策定が不可欠である。そのためには将来の劣化の進行を予測する技術の精度向上が求められる。

(3)　総合的な保全計画の策定

先に土木構造物を例に劣化状況の診断について述べたが、電気設備のように外形的な情報で劣化状況を把握することがほとんど不可能な設備も農業水利施設の構成要素の一つとして存在する。電気設備は比較的耐用年数が短いという特徴に加えて、設置環境や使用状況により劣化の進行が大きく異なるという特性も有している。そのため電気設備については、不具合等の発生による影響度を考慮したうえで、事後保全と時間計画保全を組み合わせて機能保全を図ることとし、他の土木構造物等も含めた総合的な保全計画を策定することが求められる。

(4)　補修・補強対策工法

診断技術と同様に、対策工法についても、施設ごと、現場条件ごとに多様な工法が開発されている。工法の開発に当たっては経年劣化を模した促進耐候試験などが実施されている場合もあるが、いずれの工法も長期にわたる信頼性や安定性についての評価が十分とは言えない。実際に適用された工法のモニタリングを通じて各工法の評価を進めるとともに、適用条件の整理や十分な技術が用意されていない場合のさらなる技術開発を進める必要がある。

３．解決策

劣化予測技術の精度向上について、以下のとおり解決策を提案する。

劣化のメカニズムが明らかな施設を対象に実際の劣化の進行状況を整理解析することで劣化曲線を設定する。具体的には農業水利ストックデータベースに蓄積された情報を活用して、施設の設置から対策の実施までの履歴と過去の劣化診断の結果をもとに劣化曲線の設定を試みる。整理解析するデータを設置場所や利用状況などの現場条件により分類することで、より精度の高い劣化曲線の設定が期待できる。

４．リスクとその対策

設定した劣化曲線が信頼できる精度を有するには、十分なデータの蓄積がある劣化メカニズムや現場条件が同等の施設に限定される。多くの施設の場合、類似の施設や条件下での劣化曲線を援用して劣化予測を行うことが求められる。そのため実際の劣化の進行が予測から大きく外れる危険性を有していることをリスクとして認識しておく必要がある。

対策としてはこのリスクを加味した保全計画の立案が有効である。施設の重要度に応じて、劣化予測の振れ幅の設定を変えて保全計画に反映したり、想定外の機能低下に対応できる柔軟な対策を盛り込んだ保全計画とすることで、ある程度のリスク対応が実現できる。

Q2　大規模土地利用型農業の展開のためのほ場整備計画における課題・解決策・リスクと対策

１．大規模土地利用型農業を展開するうえでの課題

水田農業などの土地利用型農業を大規模に展開するうえで必要となる条件は、大きくはほ場自体の物理的な条件と営農にかかわる社会経済的条件に分けられる。

ほ場の物理的条件とは大型農業機械を導入した大規模な営農を可能とするための大きな区画（耕区）、十分な均平度、作業効率を高めるためのより長い長辺を持つ区画形状、耕地利用率の向上を図る裏作作物の導入を容易にする良好

な排水性などである。また社会経済的条件としては、複数の所有者の農地を一区画とできるような利用権の集積、ほ場間の移動を効率化するほ場の連担化、労働力確保のための企業的農業経営の導入などである。

これらの条件のうち、ほ場整備を計画する時点で満足されていないものが、ほ場整備の計画から完成までの過程を通じて克服・解消すべき課題といえる。

2．解決策

大規模土地利用型農業の展開に必要な社会経済的条件が十分整っていない場合を想定し、利用権の集積を通じて大区画ほ場整備を進め、併せて連担化を進めることで課題の解決を図ることについて論じる。

ほ場整備では従前の区画形状を改善し併せて拡大を図ることが一般的で、従前の区画に帰属していた土地の権利は換地処分により整備後の区画に移転される。そのためほ場整備の計画段階から所有者でなく使用者を基準に農地を集積するようほ場の配置を計画し、この計画に基づく換地計画を策定することで、大区画化と連担化を達成することを目指す。

人・農地プランが策定されている場合は、集積の候補となる農地とその使用者となる中心経営体についての有益な情報源となる。

また農地の集積については、例えば農地耕作条件改善事業などを活用することで、集積率に応じて交付金を受けることができ、これにより実質的に農家負担を生じないほ場整備が可能となるため、これを活用することで、より一層の農地集積を進めることも有効な解決策となる。

3．リスクとその対策

従前は小規模な多数の農家が農業経営の主体であった地域が大区画ほ場整備を契機とした大規模な営農に転換した場合に生じるリスクとしては、維持管理作業が少数の大規模経営体に集中することが指摘できる。具体的には水管理や畦畔の草刈りなどの作業負担が集中することで規模拡大による効率化の効果を相殺することが懸念される。

水管理についてはICTを活用した自動給水・水位計の整備が対策として有効である。営農の形態に応じてタイマー式の自動給水栓のほかに、機側に出向かず巡回中の車上から操作できるリモコン式の給水栓を選択することも有効である。

畦畔の草刈りについてICTを活用した自走式の草刈り機が開発されており、この導入が解決策となる。自走式の導入いかんにかかわらず、ほ場整備に合わせて幅広畦畔を導入することで、従前は草刈り機により人力で行っていた草刈り作業をトラクターのアタッチメントなどの機械による作業に切り替えることも可能となり、有効な対策となる。

【解説】

　この解答案の出だしは逆説的な言い回しであまり一般受けしない論理展開かもしれない。また課題と解決策についてもあえて土木的な観点でなく社会経済的なアプローチを試みた。ほ場整備を契機とした地域の営農形態の変革というソフト面での効果に注目した解答案である。

　なお物理的な条件については専問知識を問う問題Q26の大区画ほ場整備についての解答例を参考にした。

Q3　大規模かんがい事業地区での更新計画立案における課題・解決策・リスクと対策

１．課題

　戦後の食料不足を解消するために、昭和30年代以降には全国的に大規模な農業基盤の整備が進められており、これらの投資により整備された施設が順次更新時期を迎え始めた平成の時代に入ると、事業に占める更新事業の割合が増加し、昨今では大半の事業が更新事業であるという状況にある。更新事業は前歴事業の計画時点から見れば半世紀程度の長い期間を経ていることが一般的であり、社会・経済状況や自然条件等の諸条件が異なっていることが考えられることから、その事業計画立案に当たっては、これらの前歴事業との相違点を把握し、適切に事業計画に反映することが必要である。そのために把握・検証すべき課題をその観点とともに以下に述べる。

（1）現施設の機能確保

更新事業が計画される状況では、前歴事業により整備された施設の多くは老

朽化等により機能低下をきたしていたり、機能維持のために多大な維持管理費用を要するなど、適切な管理が困難な状態であることは容易に想像できる。一方で、機能低下等をきたしているとはいえ、それらの施設は前歴事業の完成以降の長い年月の中で、地域の農業にとって不可欠な生産基盤となっており、その存在が営農の前提条件となっているともいえる。そのため事業中に実施される施設の補修・改築・更新等の工事の期間中にも、地域の農業にとって必要な施設の機能を確保・提供することが求められている。

(2) 地域農業の新たな展開に向けた付加価値の付与

大規模かんがいシステムは当該地域の農業にとって最も重要かつ基礎的な産業基盤である。その存在は地域が目指す農業や農村振興の方向性と軌を一にしている必要がある。更新事業だからといって、現にある施設群を同じ能力・規模・機能で再生産する、あるいは当初の性能に復元する、いわゆる単純更新を目指すことは、地域の農業を大きく発展させる機会を自ら放棄するものであり、現に慎むべきである。

(3) 事業費の縮減

コスト縮減は事業の性格や工種によらず普遍的な課題であるが、基幹施設から末端水路までの広範にわたる更新事業の場合、事業量は大規模でおのずと事業費は高額になることが予想される。受益者負担を伴う農業農村整備事業であることに加えて投資効果を確保する観点からも、細部にわたる検討を重ね、事業費の縮減を進めることは事業化における必須事項である。

(4) 維持管理の軽減

農業水利施設は、原則として農業者を構成員とする土地改良区により管理され、その費用も農業者の負担によっている。そのため事業費以上に管理に係る負担を軽減することは重要な課題である。

(5) 用水需要の柔軟な対応

農業構造や営農形態の変化は用水需要の変化を招くことから、この変化に柔軟に対応するため、既存水源の有効活用を図ることにより、極力無効放流が生じないよう用水計画や、送配水施設計画を見直すとともに、用水の需給ギャップの状況、発生要因を分析し、対策を講じる必要がある。

(6) 気候変動への対応

　上述の用水の需給ギャップの一因でもあるが、地球温暖化による気象現象の極端化は降雨パターンの変化をもたらしており、水源施設の施設規模に影響を与えることが懸念される。また豪雨災害への対応として進められる流域治水の考え方は利水ダムにも洪水調整の役割を求めている。このような前歴事業では考慮していなかった自然条件の変化とそれに伴い水利施設に求められる社会的役割の変化についても、更新事業を契機として対応することを検討すべきである。

　(7) 基幹施設から末端施設までのシステムとしての一貫性の確保

　農業水利システムはダムや頭首工などの水源施設から、幹線水路などの基幹施設を経て、ほ場への配水を担う末端水路まで、水利的に連続している。そのため事業実施に当たっては、施設の規模や技術的困難性を考慮して異なる事業主体が役割分担をして造成した施設群が、全体でシステムとして機能していることを踏まえて、更新事業においてもシステムとしての一貫性を確保する必要がある。

　(8) 農業の担い手の減少などの農業構造の変化への対応

　基幹施設から末端水路までを対象とした事業であれば、更新事業とは言え着手から完成までには10年を超える年月を要することが予想される。計画段階から事業制度上の種々の手続き期間までを含めれば15年や20年を見込んでも過大とはいえないだろう。新規農業就労者の伸び悩み、基幹的農業従事者の高齢化という数十年来、改善が見られない産業構造における課題と企業経営的営農形態の萌芽を、更新事業の完了時点ではなく更新された施設の供用期間まで見据えた長期的視点で盛り込んで、施設群の整備構想を立てることも肝要である。

２．解決策

　先に述べた課題のうち、更新事業の際には常に課題となる「事業実施期間中の現施設の機能確保」を最重要課題と考えた。その解決策として次のとおり提案する。

　(1) 工事期間による対応

　用水事業であれば水需要の多いかんがい期間を避け、排水事業では出水期を避ける工事工程とすることで、現施設の機能発揮を制限しないような対策を講じる。

(2) 代替施設の造成

ポンプ場やサイフォン等の点的な施設については、同等の機能を有する代替施設を新たに造成し、システム上の機能を確保したうえで、現施設を撤去する更新計画とする。

3．リスク

工事工程上の配慮の場合、不測の事態による工事の遅延が工程管理に多大な影響を及ぼし、場合によっては事業工期の延伸につながるリスクがある。

施設の新設・撤去の場合、新たな用地が必要になるなど、事業費の高騰を招くおそれがある。ダムのような大規模な水源施設の場合は現実的でないうえ、水路についても用地的な制約により適用できる範囲が制限される場合がある。

4．リスクへの対策

解決策を実施するうえでのリスクとして事業計画上および工事施工における計画と実施の齟齬・乖離を指摘した。リスク回避のための対策としては入念な検討に基づき計画・設計段階での精度の高い準備に尽きる。

【解説】

　この問題は農業水利施設の更新という、いわば昨今の農業農村整備における王道ともいえるテーマであることから、前著の中にも関連する解答案が多数存在する。その中から後掲の平成30年度以前の課題解決能力を問う問題Q14およびQ15を素材として活用した。王道テーマにふさわしく、想定される課題は他の問題に転用が可能なため、字数の制限にとらわれず広範に記述した。さらに最重要課題も多様な問題に応用可能なものとして(1)「現施設の機能確保」を取り上げた。試験当日の対応として、題意に応じて適切に取捨選択されることを期待するものである。

　また農業農村整備事業の社会経済的意義に焦点を当てるなら、最重要課題としては「(2) 地域農業の新たな展開に向けた付加価値の付与」を選び、論を展開するという野心的な解答も選択肢の一つである。この場合、①地域農業の展開方向との十分な調整、②担い手農家の確保、③農業水利施設に求められる機能・性能の確保、④農業水利施設以外の生産基盤の整備、⑤生産流通体制の整備といった内容を解決策として提案し、リスクやその

対策に論を進めることになるだろう。意欲のある方にはぜひ準備段階で挑戦してもらいたいテーマである。

Q4 災害リスクの高まりに対応して、排水事業におけるポンプ場の更新計画を策定するうえでの課題・解決策・リスクと対策

1．課題

(1) 既設排水ポンプ場の運転確保

ポンプ場を更新する際の最も重要な課題は、既設ポンプ場の運転をいかに確保した計画とするかという点である。当該地域では既設のポンプ場の運転が確保されることを前提に、営農活動やそれに付随する生活環境が確保されている。そのため新たなポンプ場が完成し運転が可能となるまでの間、既設ポンプ場が運転できる状態を維持する必要がある。

(2) コスト縮減

コストを可能な限り縮減することは、いずれの事業にも共通する課題であるが、運用に当たって燃料あるいは電力などの動力費が発生するうえ、定期的な分解・点検や部品の交換などが必ず発生するポンプ場のような施設の場合は特に、初期投資と運転経費、維持管理に係る費用を合わせたいわゆるライフサイクルコストを最小化するような計画の立案が求められる。

(3) 環境配慮

更新計画の対象となるポンプ場であれば、現在の施設は10年から40年前程度の時期に築造されたと想定できる。そのため現施設の築造時には環境配慮が現在ほど強く意識されていなかった可能性がある。その場合、工事の実施中および完成した施設について、現時点で求められる一般的な水準での環境の配慮に対応する必要がある。

(4) 流出状況の変化

気候変動の影響と思われる短期集中的な降雨の頻発や都市化の進展による土地の保水能力の減少は降雨流出パターンの変化をもたらしている。具体的には降雨に伴う排水路への流入がより短時間で発生し、かつ最大量として増大する

傾向が一般化している。更新計画に当たっては、このような降雨流出の先鋭化に対応した適切な施設規模を設定する必要がある。

2．解決策

(1) ポンプ設備を順次更新

ポンプ場が複数台のポンプ設備により構成されている場合、1台ごとに撤去・新設することで必要な排水能力の確保を図る。具体的には年間を通じて出水量の少ない時期（例えば太平洋側だと冬季の場合が多い）に撤去・新設工事が完了するよう、設備の工場製作期間を適切に設定することで、1台が運転できない状況でも必要な排水能力が確保されるよう計画するものである。個々のポンプ設備の規模が異なる場合で接続する水路などの土木構造物の構造および諸元との関係で可能であれば、能力の小さいポンプをより大きなポンプに置き換えるような更新計画とできれば、工事期間中の排水能力確保についての自由度は高まる。

(2) 近傍に新たにポンプ場を新設

ポンプ場につながる排水路の末端を切り替えることや、排水先の河川の状況に加えて、現施設の周辺に用地の余裕があるなど、現地の状況が条件に合致することが必要であるが、現施設の隣接地などに新たにポンプ場を新設し、排水路を切り替えたうえで旧ポンプ場を撤去することが可能であれば、最も単純な課題解決策とできる。

(3) 地域全体の排水計画を見直し新たな地点にポンプ場を新設

上記 (2) と同様の考え方であるが、降雨パターンの変化や都市化の進展に伴う降雨流出の変化を踏まえると、異なる場所にポンプ場を設置したほうがより効果的な排水が可能となる場合は、更新計画に合わせてポンプ場の設置場所を変更する解決策も一案である。この場合は、既設排水路網を最大限に活用して、排水路の新設を最小限とするよう留意する。

3．リスクと対策

ポンプ場は農道やコンクリート開水路などの比較的単純な構造の土木構造物とは異なり、機械設備と電気設備により構成される施設である。そのため日常的に十分な予防保全や事後保全措置により適切な維持管理を行ったとしても、長期的に見れば全面的な更新は避けられない。そのため今次の更新計画策定に

当たっては、次の更新計画の際の計画・設計の自由度を損なわないような配慮が必要である。

　上記2.（2）（3）の解決策の場合は、現ポンプ場の敷地を再更新の際に活用できるよう確保しておくことが対策として有効である。（3）の解決策の場合は、地域全体の排水計画上は新設ポンプ場の設置位置が最適な地点となり、再更新の際に現ポンプ場地点に戻すことは最適位置から外れることを意味するため、再度地域全体の排水計画を検討することになることに留意する。上記2.（1）の解決策の場合は、再更新の際も同様の手法が可能であるが、一方で今回更新しなかったポンプ場建屋や排水路などの老朽化に対応する必要がある。

【解説】

　　排水ポンプ場に関連する解答案としては専門知識を問う問題のQ22、応用能力を問う問題のQ10がある。

　　これらの解答案の内容を基本的情報として、題意に沿うよう必要な情報を補って取りまとめた。

　　課題として挙げた4項目のうち（1）〜（3）はポンプ場の更新事業における一般的なものを列記したが、（4）は令和2年度の実際の問題（問題文自体は割愛）に沿って「近年の災害リスクの高まり」を受けた課題を記述した。実際の試験では（4）を最重要課題として以降の論を展開したほうが好印象かもしれないが、過年度の問題そのものへの解答例とはしていないので解答案としては（1）を最重要課題として取り上げた。

Q5　水利システム再構築における課題・解決策・リスクと対策

1．水利システムの再構築における技術的課題

　農業水利システムの再構築は、既存システムの保全管理とは大きく異なり、長い期間と比較的高額の事業費を要する大規模な事業である。短いサイクルで頻繁に事業化することは現実的でないことから、現在の農業情勢にとって最適であることに加えて、再構築後の施設の供用期間を通じて理想的なシステムを

目指す必要がある。そのため将来を見通した計画上の観点と、水利システムが備すべき機能の観点の両面から、技術的課題としては次の内容を提起する。

（1）将来の水需給予測

我が国のかんがい事業により造成される水利システムは、基本的には、受益地区における作付作目が必要とする用水量を10年に1回発生する程度の渇水年において確保するよう計画する。既存の水利システムの場合、現在の作付け状況がすでに現施設の計画内容と異なっている場合やさらに将来に向けて異なる作目が導入される可能性も考えられる。また近年は温室効果ガス排出に伴う気候変動の影響が顕在化しており、降雨パターンや年間降水量の変化が生じるとともに、極端な気象現象も頻発している。

このように必要用水量、渇水年における降水量と降雨時期という需要と供給の両面での変化を適切に予測し、再構築する水利システムでは十分な用水確保ができるよう用水計画を見直す必要がある。

（2）地域の営農に与えるインパクトを考慮した計画策定

上記（1）では状況の変化に応じた用水計画の変更について述べた。一方、国営事業レベルの大規模な農業水利システムの整備は、その整備により地域の営農形態や地域の状況にも変化を与えることができる大きな社会経済的インパクトを秘めた事業である。そのため現時点での営農計画にとどまらず将来的な産業構造の目指すべき姿など地域振興の方向性を定め、その実現に必要な要求性能を満たすよう水利システムを再構築するというアプローチが考えられる。この場合は受益地内の各市町村と地域振興や営農に係るビジョンを共有し、事業計画に反映することが求められる。

（3）水利用の効率化に資する水管理方式の導入

水利システムの実際の運用における水管理方式は、供給主導型と需要主導型に大別される。効率的な水利用のためには需要主導型の水管理方式が有利であるため、既存の水利システムが供給主導型の場合、需要主導型への変更が技術的課題となる。既設の水路網が主として管水路形式の場合は需要主導型水管理の導入は比較的容易であるが、既設の水路網が開水路形式の場合は、特に技術的対応が求められる。

さらに需要主導型水管理として需要に応じた供給を実現するための取水量や

通水量を設定し、監視のうえ調整が可能な水管理制御システムの構築が必要となる。

　(4) 末端施設の水管理

　末端施設はほ場レベルの水利用の変動に直結して供給量の変更を求められることから、水利システム全体の維持管理に占める管理作業の負担の割合は大きい。維持管理の負担軽減のためには末端施設の水管理の省力化に向けた施設整備を進める必要がある。

２．水管理方式の変更による解決策

　水管理制御施設の管理運用により基幹施設から末端施設までの施設系全体として調和のとれた施設機能が発揮されるように①基幹施設の管理水準と末端施設の管理水準の調和②末端ほ場の水需要、排水状況を時間的、量的に把握しうるような情報伝送系統の一元化③具体的な時間的、定量的管理目標の設定④重点的に管理すべき施設とそのほかの施設の優先順位の設定⑤管理の実務とそのチェック方法⑥水管理のための人的資源および費用などを考慮した水管理計画を立案することが解決に向けた第一歩となる。

　計画の運用に当たっては、巡視点検の省力化、施設の運転操作の自動化や集中管理による省力化を実現するために、情報処理の先端技術を取り入れた遠方監視制御、集中管理、情報伝送などのための水管理制御システムの導入を図る。

３．リスクとその対応

　既存の水管理システムを変更することは建設投資、維持管理の両面で経済的負担を伴うこととなる。特に維持管理に係る経費は施設の運用期間中を通じて永続的に発生するうえ、建設負担に比べて助成制度に乏しいこともあり、受益者にとって大きな負担となるリスクが指摘できる。

　そのためいたずらに高度なシステムを導入するのではなく、当該土地改良施設に最適な制御設備として整備目標をどこにおくのか、ライフサイクルコストなど経済性の観点や将来の管理体制、地元の意向などを踏まえた十分な配慮をすることで整備水準の適正化と負担感の軽減を図る必要がある。

　農業水利システムの再構築に当たっては、現況および将来の水需要に適切に応えられることが最低限度の要求性能であり、さらにシステムのハードウェアとしての維持管理と用水供給に係る人的資源等のソフトウェアとしての管理負

担を抑制することが望まれる。

【解説】

　　令和3年度の問題は「水利用・水管理を効率化し維持管理の負担を軽減
する水利システムの再構築における課題」であったが、水利システムの再
構築における課題を述べたうえで、効率化や管理負担の軽減についても触
れる構成とすることで、より広い題意への応用を意識した。

Q6　農地整備における環境に配慮した計画・設計のための課題・解決策・
　リスクと対策

1．はじめに

　農業農村整備事業の実施に当たっては環境との調和に配慮することとなっ
ている。この場合の環境とは生態系にとどまらず、農家・非農家などの周辺に居
住する住民の生活環境や、外部からの来訪者の目も意識した景観など、本来は
広い範囲を対象とすべきものである。ここでは環境に係る広範な内容のうち生
物のネットワークを対象として、課題や解決策等について以下に論じる。

2．生物のネットワークからみた我が国の農村の特徴

　我が国の農村は農地と雑木林などの里山の間に広い敷地をもつ農家の居宅な
どが配置されるなど、生物の生息・生育環境として多様な環境を提供している。
さらに水田は営農の過程を通じて湛水深が大きく変動し、生物から見れば変化
に富んだ湿地環境を提供している。このような時間的な変化に加えて、河川か
ら取水した農業用水は水路を経て水田に至り、排水路を通じて河川に戻るとい
う空間的にも多様な水環境を提供している。

3．農地の整備に当たり検討すべき課題

　先に述べた農村の特徴を踏まえて農地整備における生物ネットワーク上の課
題を、

　①農地から里山につながる生息空間とその連続性

　②水田から河川につながる水環境の空間的連続性

③水田を中心とした農地の生育環境としての時間的連続性

の3つの観点に分類して、以下にそれぞれの内容を述べる。

①については、後述の水環境の連続性と同様に、陸上で生活する生物にとっても生息・生育環境と移動経路は重要である。ほ場整備に合わせて実施される農道の拡幅や舗装化は移動経路の分断につながることが懸念される。また植物の場合は生息環境が改変されることが、そのまま消失につながる重大な危機となる。そのため整備対象の農地周辺に生息する動植物のために、整備後も適切な生息・生育環境を確保することが最も基本的な課題である。

②は例えば現況で土水路により農業用水が供給されている水田においてコンクリート水路に改修したり、自動給水栓を設置することで用水管理の負担軽減を図るような農地整備の場合に顕在化する課題である。生物はその種ごとに異なる生活史をもっている。特に水棲生物の場合、成長の度合いに応じて最適な水深や流速を求めて水田と河川の間を移動する種では、流速が速くなるコンクリート水路への改修や水路と水田を分断する設備の設置などは、ネットワークの分断という致命的なインパクトを与えることになる。

③については、ほ場整備などの面的な整備の期間中は生息環境としての水田そのものが失われることとなり、その地に生息する生物にとっては他所への移動を強いられるものである。

4．解決策

生物のネットワークに与えるインパクトという点では最も重大と考える農地周辺の水環境の空間的連続性（上記3．②）について、解決策は次のとおりである。

①水田と水路をつなぐ水田魚道の設置

②水路内での生物の滞留を可能とする魚巣ブロックなどの退避場所の設置

③コンクリート水路からの脱出を可能とする脱出工の設置や壁面の加工

④水路内の遡上・下降が容易な適度な流速を確保するための落差工など水路
　勾配の調整

5．リスク

上記解決策はいずれも生物ネットワークへの配慮のために実施する施設の追加や構造物の仕様の変更である。これらにより確実に工事費の増嵩が発生し、

結果的に受益者の負担増につながる。

6．対策

そのため計画の段階から関係者に丁寧かつ詳細な情報提供を行い、環境配慮の意義や必要性についての合意形成に努めることが、対策の第一段階である。

並行して環境配慮により生じる工事費の増嵩（いわゆる掛り増）についても開示し、各関係者の負担の増分を明確にしたうえで、費用負担を前提とした計画を確定させる。

これらの段階を経て設計を進めることが実務上求められる現実的な対策である。

【解説】

　実際の試験において過去の問題と全く同じ出題がなされることは考えられない。そのためこの解答案は「1.　はじめに」として環境についての広範な考え方を示してみた。令和3年度の問題への解答としては余分な内容だが、環境全般について問われた場合に範囲を絞り込んで解答する場合などに活用いただけるよう、あえて記述した。

　また「農地整備」をどの範囲で捉えるか、により課題や解決策は大きく異なる。令和3年度の問題文が「多角的な観点から3つ課題を抽出」とあるのを受けて、農地そのものに加えて用排水系統や農道の整備も対象とする解答案とした。

　「今後の生態系配慮の方向性（提言）～環境との調和への配慮の原則からまもなく20年を迎えるにあたって～」が令和2年3月にとりまとめられている。この中で「農業者の減少と高齢化に対応し、農業生産性の一層の向上を図るため、農地の大区画化等の整備が展開されており、生態系配慮を進めていくうえでの状況が変化してきた。」とある。この提言の問題意識が令和3年度の出題につながっているとすれば、提言に沿った解答案とすることも一案である。実際にこの提言は次のように続いている。（以下、囲み部分が引用箇所）

2．生態系配慮にかかる課題

　本委員会では、生態系配慮の実施状況や実施体制を把握するため、都道府県の農業農村整備事業の担当者へのアンケート調査等を行うとともに、生態系配慮の取組を行っている地域の現地調査を行った。

　これらの結果をもとに、生態系配慮の取組上の課題と今後の方向性等について議論を重ね、検討すべき課題として、以下の5点を抽出した。

　①生態系配慮の指導・助言体制の強化

　②持続可能な生態系配慮に向けた新技術の開発・活用

　③農地の大区画化・汎用化等に対応した生態系配慮手法の確立

　④中山間地域における生態系配慮対策の推進

　⑤人が集う地域づくりにつながる生態系配慮の取組の推進

　この5点を課題として解決策やリスクとその対策について論を進めれば、それも十分な解答となるであろう。旧農村環境系の問題への対策を充実させようとする方は、農林水産省のWEBサイトから「ホーム＞農村振興局＞農業農村整備事業における環境との調和への配慮＞今後の生態系配慮の方向性（提言）」とたどって、一読されることをお勧めする。

Q7　農村における防災・減災対策における課題・解決策・リスクと対策

1．農村部における防災上の課題

（1）ため池の防災対策

　近年多発する豪雨災害の中でも被害規模や社会的な影響度の大きさから最も注目されているものが、ため池の決壊事故などに起因する災害である。ため池は季節的な変動の大きい我が国の降雨パターンに対応するため、降雨を一時的に貯留し干ばつ時に用水供給する目的で築造された施設で、年間降水量の少ない瀬戸内地方などを中心に全国に約15万か所設置されている。その多くは築堤年代が古く、江戸時代やそれ以前のものも多数存在している。そのため構造

自体が不明のものも多く、築堤材料や締固めなどの築堤状態に加えて洪水吐の構造や規模などの諸元も必ずしも土木構造物として十分な安全性を担保しているとはいえない。加えて農業従事者の高齢化などの影響を受けて利便性の低い農地の利用が低下する傾向と相まって、ため池の利用率の低下とこれに伴うため池自体の維持管理の粗放化も進展している。

その結果、豪雨時にため池が決壊する等の大規模な災害が発生するリスクは年々高まっているといえる。

(2) 低平地における湛水被害対策

古来、農村部の土地利用は、比較的標高の高い所を選んで居住用に利用し、河川周辺等の低地は水田等の農地として利用してきた。これは用水供給の観点からは低平地のほうが便利であることに加えて、水稲が生育段階にもよるが数日間程度は完全に水没しても枯死しないなど、水田が水深と期間の両面で相当程度の湛水を許容するという、畑地とは大きく異なる特徴を有していることも大きな理由である。

一方、近年は農業従事者の減少などにより未利用農地が拡大し、混住化した地域における人口圧力は勢い地価が安い農地へと向かい、湛水リスクの高い低平地が宅地や工場用地などとして開発される事態も広がっている。農村地域の安全安心な暮らしの観点からは、これらの湛水リスクの高い地域における防災減災対策が求められている。

(3) 地すべり対策

地すべりは地盤内に存在する異なる地質の接合面などの弱層が応力状態のバランスが崩れることによって滑る現象である。弱層は地質構造運動により生じたひずみの発達、泥質岩や凝灰岩など滑りやすい地層や風化岩の挟在などである。一方、地すべり発生の要因である応力バランスの崩れは、地下水位の上昇によることが多い。そのため短期集中的な降雨の頻発は、これまで安定していた斜面等においても、新たに地すべりが発生するリスクにつながっている。

2．対策

地すべり対策には、地すべりを促す要因の除去または軽減によって間接的に地すべりを安定させる抑制工と、地すべりに対する抵抗性を付加することによって安定させる抑止工がある。前者には地表水排除工、地下水排除工、浸食

防止工、斜面安定工が、後者には杭工、シャフト工、アンカー工、擁壁工がある。

　地すべりを長期的に安定させるため、抑制工を中心に対策を講じることが基本である。人家や公共施設が存在するなど、地すべり活動を緊急的かつ確実に停止させる必要がある場合は、抑制工と併用して抑止工を採用する。地すべりが活発な場合は、抑制工で活動を鎮静化させ抑止工で確実に停止させるなど、地すべりの状況や工種の特徴を踏まえて適切な工種を選定し対策を実施する。

　またこれらのハード対策に加えて、GPS等を利用して地すべりブロックの挙動をリアルタイムで計測し、観測データに基づく警戒情報を地域に発信し、必要に応じて避難情報の発出に活用することで被害軽減を図ることもソフト対策として有効である。

3．リスクと対策

　地すべりの要因の多くは地下水であるため、抑制工の多くは地下水位の低下を目的に施工することになる。特に地下水排除工は施工箇所周辺の地下水位を低下させることから、井戸等により地下水を利用している地域にあっては、井戸水の枯渇等が生じるリスクがある。この場合、集水井工などの大規模な地下水排除施設に小規模な水路を設置するなどして、排除された地下水を利用できるように工夫することが、枯渇した井戸水の水量を補完する対策となる。

【解説】

　　解答案ではあえて地すべり対策を最も重要な課題として論を進めた。ため池対策および低平地における湛水対策は、それぞれ本書の他の解答案を利用することで読者自身に解答案としてまとめていただくことを想定し、あまり注目を浴びることのなさそうな（とはいえ専門知識を問う問題ではこの4年で2回とりあげられたが）地すべりで解答案をまとめたのは、このような考えからである。

　　一方でこの解答案の対策とリスクは専門知識を問う問題のQ36をほぼそのまま転用している。何度も述べていることだが、特定の問題への準備として用意した内容を使いまわして、他の問題への対応として流用する例としても眺めていただきたい。

> Q8　需要構造等の変化に対応した食料の生産・供給体制の改革についての
> 　　課題・解決策・リスクと対策・業務遂行に必要な要件（倫理、社会の持
> 　　続可能性の観点から）

1．食料の生産や供給体制を改革するうえでの課題

(1) 我が国の食料需要

　我が国の人口動態を見ると、医療体制の充実などにより平均寿命は長寿化
傾向にある一方、出生率の上昇は見られず、人口の減少と少子高齢化の進展に
歯止めがかからない状況にある。人口の減少が食料消費の減少に直結するばか
りでなく、人口における高齢者比率の増加も消費カロリーを押し下げることか
ら、生産体制の改革に当たっては、食料需要が長期的には減少傾向であること
を考慮する必要がある。

(2) 国民の嗜好の変化

　我が国国民の食生活が、戦後、米飯中心とした一汁三菜の和食から肉類・油
脂・乳製品の摂取割合が高い西洋型食生活と大きく変化したことは人類史上で
も希有の例とまで言われている。近年は健康ブームの追い風により和食回帰の
傾向も若干見られるが、米の消費量はピーク時の半分以下の年間一人当たり
50 kg程度に減少しており、輸入比率の高い肉類の消費が高いなど、国内生産
体制を消費動向に応えられる体制に替えていくことも課題である。

(3) 食料輸入国としての課題

　肉類中心の食生活への変化に加えて、国際化の進展に伴い外国産の希少な食
材や料理への関心が高まることで、国内では生産が困難な食材などを中心に食
料の輸入も増加傾向にある。これにより我が国の食料自給率は先進国中最低の
40％を下回る水準にとどまっている。食料安全保障の観点からも、引き続き人
口が増加し食料需給が厳しい状況にある途上国を支援する観点からも、輸入に
大きく依存した体制を転換するよう国内生産体制の充実を図ることも急務であ
る。

(4) 気候変動の影響

　気候変動は農業生産にさまざまな看過できない影響を与えることが予想され

ており、実際にその影響は徐々に目に見える形で現れつつある。例えば、水稲作の場合、作付け北限の北上が予想される一方、高温障害による白濁被害の増加傾向がすでに見られている。降雨量の年較差増大も気候変動の影響として予想されているが、これにより洪水・干ばつの双方で従来以上の大きな被害が頻度・規模の両方で予想される。温州ミカンやリンゴのように品種に適した気候の地域が優良な産地を形成している場合、気候変動により従来の産地での品質低下が予想されており、長期的には地域ごとの特産品の分布が大きく変容するなど、従来の生産体制が維持できなくなることも危惧される。

(5) 国内生産における課題

国内農業の生産現場では、都市化の進展や条件不利地の耕作放棄などにより耕地面積の減少が続いており、ピーク時の600万ヘクタールから現在は435万ヘクタール程度にまで減少している。また生産を支える農業従事者は農地同様減少を続けているばかりでなく、新規就農者が不十分なため高齢化も深刻な問題となっている。このように国内生産体制においては農地と農業者の確保が重要な課題の一つである。

2. 課題の解決策

先に述べたさまざまな課題のうち、農地と農業者の確保に関し、その解決策として以下のとおり考える。

(1) 優良農地の確保

大型農業機械の導入が可能となるよう整形された区画と隣接する農道が整備され、地下水位の柔軟な制御と確実な用水供給が可能となる用排水路が整備されている農地は、効率的な営農により高い生産性が発揮できる優良な農地である。国内の農地面積が減少する趨勢にあっても、累年の投資により生産基盤としての条件整備がなされたこれらの優良農地を選択的に維持することで、国内生産体制の確保に努める必要がある。

(2) 魅力ある農業の実現

農業従事者の高齢化の進展は著しく、この状況を放置すれば早晩、農業労働力の不足により国内生産が確保されない事態は容易に想像できる。優良農地における効率的な営農を通じて収益性の高い農業経営を実現することで、農業の魅力を高め新規就農者の確保に努める必要がある。

(3) 担い手への農地・農作業の集積

農地の貸借や作業委託を進めることで、より少ない担い手農家による大規模な農業経営を進め、農業従事者の減少に対応する必要がある。

3．解決策を遂行するうえで想定されるリスクとその対策

農業従事者の減少と高齢化に対応するため、農業経営を大規模化・効率化することで安定的な農業生産の担い手となるよう、地域のリーダー的な少数の農家に農地や農作業を集積することを対策として提案したが、農地の大区画化や連担化とそれに伴う大型機械の導入などで、農作業自体の効率化は可能となるものの、これまで個々の小規模農家が各戸で行ってきた水管理の作業については、規模拡大に伴う効率化はあまり期待できない。そのため少数の担い手農家に水管理作業が集中することが上記対策を実施する際の最大のリスクと考える。

水管理作業の担い手農家の集中に対し、以下のような対策が有効と考える。

○地下かんがい方式の導入

○開水路のパイプライン化

○自動給水栓の設置

○ICTを積極的に利用したほ場水分量等のモニターシステムの導入

○高齢農家の生きがい確保を兼ねた水管理作業のみの作業委託

4．業務遂行において必要な要件

専門分野における最新の技術動向に注視し、新たな技術や知見の積極的な活用に心がけつつ、自身の知識・経験を背景に、客観的事実に基づく公平・公正な判断に努めることを常に意識して業務を遂行する。業務の遂行に当たってはデータの改ざんねつ造は当然のこと、恣意的なデータの取捨選択など技術者としての信用失墜につながる行為とならないよう、自らを厳に戒める。また業務を通した成果が社会に還元され、広く公共の利益にも資することを目指す。

【解説】

設問の一番目は多面的観点からの課題の抽出である。実際の問題文には①世界と我が国の人口動態、②（世界と我が国の）耕地面積の推移、③気候変動、④食生活の変化、⑤技術革新といったキーワードが並び、"以上の基本的な考えに関し"問いに答えることが求められている。解答案では

この①～⑤のキーワードを多面的観点として活用したが、問題文をそのまま借用したと取られないように、各項目の見出しは少し言葉を変えたうえで、生産・供給体制の変革につながるような説明文をもって、課題の分析とした。

　二番目の設問では"最も重要と考える"課題について論を展開するよう求められているが、農業農村工学の観点から記述できるような課題を選んでいる。"考える"という設問の意図は、解答者の主観でよい、と解し、選んだ課題を"最も重要"とする根拠までは述べていない。

　三番目の設問の"解決策に共通して"の解釈は、悩ましい。二番目で示した「複数の解決策"の"共通リスク」となると、同じリスクを内在する解決策を複数求められることとなり、これは難しい。「複数の解決策全体を通して発生が予想されるリスク」と解して解答案は作成した。

　四番目の設問は技術士に求められる資質能力（コンピテンシー）のうち技術士倫理を問うていることは明らかである。技術士倫理綱領を意識して解答する必要がある。

　技術士倫理綱領の全文は、「第1部　5. 必須科目への対応　（4）技術者倫理について」に掲載したので参照いただきたい。

Q9　農業の持続的発展や農村の振興に必要な対策についての課題・解決策・リスクと対策・業務遂行に必要な要件（倫理、社会の持続可能性の観点から）

1．課題

（1）農業生産を担う労働力

　戦後の高度経済成長期以降、我が国の産業構造はその比重が第一次産業から第二次産業、第三次産業に大きくシフトし、農作業の機械化・合理化により生じた農村部の余剰労働力を都市部・工業地帯に移動させることにより、拡大する第二次・第三次産業の労働力の確保に貢献してきた。産業構造が成熟した現在でも農村部から都市部への人口流入の傾向は続いており、少子化により総人

口が減少に転じたことと相まって、農村部では急速な高齢化と労働力不足が大きな問題となっている。

(2) 農業生産の基盤である農地や農業水利施設

国内の農業の発展のためには労働力の確保と同様に生産基盤としての農地を維持していくことが重要であるが、平野部では工業用地や住宅用地などへの転用により農地の改廃が進み、農地面積はピーク時の3/4の435万ヘクタール程度に減少している。また中山間地域の農地などの条件不利地では、農業従事者の高齢化と相まって耕作放棄地が拡大している。このような状況のため、生産性の高い優良な農地を中心に国内の農地面積を一定規模確保することは、重要な課題の一つである。

また生産性の高い農業経営にとっては、農地に加えて農業用水を確保することも不可欠であり、そのためには適期に適量の水を確実に供給するための水利施設の機能維持も同様に重要な課題である。

(3) 多様な需要に応える生産体制の確保

国際化の影響などもあり国民の食生活の多様化は著しく、国内生産が困難な食材についても積極的に輸入するなど、国内の消費動向に生産現場が十分対応できていないのが現状である。一方、食料の安全保障の観点に加えて、経済力を背景に世界の食材を買い集めているといった国際世論への配慮の点からも、消費動向に対応できる生産体制を可能な限り整備していくことが、国内農業の持続性の点では重要な課題である。

(4) 定住人口の確保による農村の振興

農村の振興のためには地域で適度な経済活動が成されることが必須条件であるが、(1) で述べたように労働力確保が課題となる中、農村振興の観点からも一定規模の定住人口を確保することが必要である。そのためには農業を含む雇用の創設、上下水道、交通手段などの基本的な生活インフラの整備に加え、娯楽施設や高速インターネット回線などの情報通信インフラの整備による都市との生活環境の格差の是正が求められる課題である。

2．課題と解決策

農地と農業水利施設の確保について、解決のための対策を以下に述べる。

国内で生産性の高い優良農地を確保するためには、コスト削減に向けた大型

機械の導入が可能となるよう農地の区画整理や大区画化、用排分離、排水強化を進めることが解決策の一つである。またこれらと併せて、地域ごとに策定される人・農地プランや、水田フル活用ビジョン等を踏まえ、必要に応じて農地中間管理機構とも連携して担い手農家への農地集積、集約化（集団化）を進めることが有効な対策となる。

また確保した農地を有効利用する観点からは、麦・大豆等の戦略作物や高品質で高収益が期待される作物の導入が可能となるよう、排水条件を改良することが有効であり、区画整理や暗渠排水を整備して水田の汎用化を進めることも対策として求められる。

一方、我が国の農業水利施設の多くは、戦後の食料増産政策の一環として整備されてきた膨大な社会資本が順次耐用年数を超え、更新整備が大宗を占めている。そのため施設の更新と併せて前述の農地整備の方向性に合致した水利用が可能となるよう、水需要に柔軟に対応できる施設の整備を進めることが求められる。

3. 対策により生じるリスクとその対応

このような取組を通じて、少数の大規模担い手農家が水利用の大宗を占めることになると想定されることから、担い手農家の管理負担軽減のため、地下かんがい方式の導入や開水路のパイプライン化、自動給水栓の設置等により、末端ほ場における施設管理の省力化を図ることが重要である。

また地区内には小規模農家や高齢農家等も残ることから、担い手農家とこれらの農家との役割分担、非農家を含めた集落・地域共同による農地・農業水利施設の保全管理についての調整も必要である。

4. 業務遂行において必要な要件

専門分野における最新の技術動向に注視し、新たな技術や知見の積極的な活用に心がけつつ、自身の知識・経験を背景に、客観的事実に基づく公平・公正な判断に努めることを常に意識して業務を遂行する。業務の遂行に当たってはデータの改ざんねつ造は当然のこと、恣意的なデータの取捨選択など技術者としての信用失墜につながる行為につながらないよう、自らを厳に戒める。また業務を通した成果が社会に還元され、広く公共の利益にも資することを目指す。

【解説】

　課題として挙げた4つ目（1. （4））は、農村と都市の生活水準の格差解消という、やや前時代的な論調であり、異論も予想される。地域ごとに特色ある環境整備で人口流出の抑制に加えJターン、Iターンの呼び込みを図る、といった論調のほうが模範解答としてはふさわしいかもしれないが、全国どこでも実践可能かという反論も想定されることから、やや保守的な現案を解答案としてみた。

　解決策は、課題解決能力を問う問題の解答案Q11をもとに適当な修正を加えたものである。またリスクについては、課題解決能力を問う問題で問われていた"効果と問題点"のうち問題点をもとに作成している。このように制度改正により各問題の設問は異なっているが、適当な修正を加えればかなりの範囲で使い回しが可能な実例として見ていただきたい。

　業務遂行に必要な要件は出題ごとというより技術者・技術士としての心構えを問うていると理解している。そのためQ8の解答案で同一の記述とした。

　本章の冒頭にも記したが以下 Q10 ～ Q23 は前著において課題解決能力を問う問題のために用意した解答案の再録である。受験者諸氏が準備するさまざまな解答案の材料としてお使いいただきたい。

表2.6　課題解決能力を問う問題（旧）

出題テーマ	関連する過去の問題	
Q10　食料自給率の向上や競争力のある農業を確立するための農用地や農業水利施設等の保全管理	H25　Ⅲ－1 H28　Ⅲ－2 H29　Ⅲ－1	
Q11　農業の構造改革推進、競争力強化に向けて優良農地の確保を図るための農地整備	H26　Ⅲ－1	
Q12　生産コストの一層の削減を図るための水田整備	H27　Ⅲ－1 H28　Ⅲ－1	
Q13　農村社会の変化等を踏まえた農業農村整備の実施		
Q14　更新事業が増加する傾向の中での更新事業計画の立案	H27　Ⅲ－2	
Q15　施設の老朽化や水需要の変化、維持管理費の節減要望等を踏まえた農業用水の供給	H25　Ⅲ－2	
Q16　農業水利施設の老朽化等が進展する中での農業用水の安定供給や農業水利施設の保全・管理	H26　Ⅲ－2 H30　Ⅲ－2	
Q17　中山間地域等における地域の活性化に向けた農業振興		
Q18　危機管理の視点に立った農地防災システムの確立		
Q19　農業・農村の有する多面的機能の維持・増進		
Q20　農業農村整備事業における環境配慮		
Q21　農村における再生可能エネルギー資源の活用		
Q22　地球温暖化の進行に対する農業生産基盤への影響緩和策	H26　Ⅲ－1 （農村環境）	
Q23　ため池の防災・減災対策	H30　Ⅲ－1	

> Q10　食料自給率の向上や競争力のある農業を確立するため、
>
> 　(1)　良好な営農条件を備えた農用地や農業水利施設等の保全管理を行う
> 　　　ために検討すべき項目
>
> 　(2)　重要と考える技術的課題と解決のための技術的提案
>
> 　(3)　提案がもたらす効果と実施する際の問題点

1．検討すべき項目

　我が国は、先進国の中で最低の食料自給率水準にあり、また、世界有数の農産物純輸入国であることから、世界の食料需給が今後ひっ迫傾向で推移すると予測されている中、さまざまな要因により食料安全保障上のリスクに直面しているといえる。

　また、我が国の農業を巡る状況を見ると、農産物価格の低迷に伴う農業産出額の減少や農業所得の減少、担い手農家の高齢化と減少、農地面積の減少、耕地利用率の低下、耕作放棄地の増加、農業水利施設の老朽化、施設管理の粗放化等の課題が生じている。

　このような状況の中、食料自給率の向上や生産力（食料自給力）を高め、競争力のある農業を確立するためには、生産性の高い優良農地、担い手の確保等が必要であり、以下のような項目の検討が必要である。

- 地域農業の中心となる経営体の育成・確保と経営体への農地集積
- 生産コストの低減と経営規模の拡大・集約化を通じた経営基盤の強化
- 麦・大豆等の戦略作物や、高品質で高収益が期待できる作物の導入、生産拡大
- 農業水利施設の計画的な保全管理、施設管理の省力化、維持管理体制の強化
- 耕作放棄地の発生防止、解消

2．技術的課題と課題解決に向けた技術的提案

　上記の各項目における技術的課題と課題解決に向けた提案について以下に記述する。

　(1)　経営体の育成・確保、経営体への農地集積、経営規模拡大、生産コスト

の低減、耕作放棄地の発生防止等を図るためには、大型機械の導入等低コストで生産性の高い農業の実現が可能となる生産基盤の整備が必要である。また、農地の区画整理や畦畔除去等による大区画化、用排分離、排水強化等と併せて、地域ごとに策定される人・農地プランや、水田フル活用ビジョン等を踏まえ、必要に応じて農地中間管理機構とも連携して担い手農家への農地集積、集約化（集団化）を進めることが重要である。

(2) 麦・大豆等の戦略作物や高品質で高収益が期待される作物の導入、生産拡大を図るためには、水田の有効活用が重要であり、特に排水条件を改良することが必要である。区画整理や暗渠排水を整備して水田の汎用化を進めることにより、麦・大豆等の生産のみならず、高収益が期待される畑作物や花きなどへの転換も可能になり、耕地利用率の向上や農業所得の増加につながることも期待される。

(3) 農業水利施設の計画的な保全管理を図るためには、耐用年数を超過する施設の増加や老朽化に伴う突発事故の増加に対し、限られた予算で効率的な対策を進めるため、農業水利施設の定期的な監視・機能診断によって機能低下の状況・要因を把握し、適時適切に補修・補強、更新等の対策を行うストックマネジメントの手法を推進し、施設の長寿命化とライフサイクルコストの低減を図ることが重要である。

3．提案の効果と実施する際の問題点

2．で挙げた取組により以下の効果が期待される。

● 農業生産の多様化：戦略作物の生産拡大、耕地利用率の向上、高付加価値農業の推進等

● 営農作業の効率化：生産コストの低減、営農労力の節減、担い手への農地集積の進展等

● 施設の適正な保全管理：維持管理費の節減、水管理労力の削減、整備コスト、ライフサイクルコストの低減等

上記取組の実施に当たっては、農家をはじめ立場の異なる関係者間での合意形成が必要である。このため、農家の意向や将来の営農構想等を踏まえ、生産基盤の整備方法や換地手法、整備費用や負担方法、施設の維持管理等について、十分な話し合いの下に合意形成を図ることが重要である。

　また、このような取組を通じて、大規模・少数の担い手農家に農地集積が進むことから、地区内に残る小規模農家や高齢農家等との役割分担、非農家を含めた集落・地域共同による農地・農業水利施設の保全管理についての調整も必要となる。

　なお、生産基盤の整備を契機として、6次産業化等の高付加価値農業への取組を検討することも重要である。

　Q11　農業の構造改革推進、競争力強化のため優良農地の確保を図るうえで、
　　(1)　農地の現状と問題点、取り組むべき課題
　　(2)　重要と考える課題と技術的提案
　　(3)　提案がもたらす効果と実施する際の問題点

1．農地の現状・問題点と取り組むべき課題

　農地は、食料生産の基盤であるとともに、多面的機能の発揮を通じて国民生活の向上に寄与するなど、国民にとって重要な財産であり、次世代に引き継ぐべき社会資本である。しかしながら、現在の農地面積は452万haで、年々減少の傾向にあり、耕地利用率も92％前後で推移している。水田を例にとれば、水田面積246万haのうち、30a程度以上に整備されたものは約6割、1ha程度以上に整備されたものは1割にとどまっている。また施設の老朽化や、農家の高齢化・減少に伴う管理の粗放化等の課題も生じている。さらに区画整理済みの156万haのうち、3分の1は排水能力が十分に確保されていないという問題も抱えている。

　このような状況の中、農業の競争力を高め食料自給率の向上を図るためには、生産性の高い優良農地を確保し、担い手に集約化することが必要であり、そのためには以下のような課題について対応が必要である。

- 地域農業の中心となる経営体の育成・確保と経営体への農地集積
- 生産コストの低減と経営規模の拡大・集約化を通じた経営基盤の強化
- 麦・大豆等の戦略作物や、高品質で高収益が期待できる作物の導入、生産

　　拡大

- 農業水利施設の計画的な保全管理、施設管理の省力化、維持管理体制の強化
- 耕作放棄地の発生防止、解消

２．技術的課題と課題解決に向けた技術的提案

　上に記述した検討項目の中から、重要と考える2つの技術的課題と課題解決に向けた提案を記述する。

　第一に、経営体の育成・確保、経営体への農地集積、経営規模拡大、生産コストの低減、耕作放棄地の発生防止等を図るためには、大型機械の導入等低コストで生産性の高い農業を実現し得る生産基盤の整備が必要であり、農地の区画整理や大区画化、用排分離、排水強化が必要である。またこれらと併せて、地域ごとに策定される人・農地プランや、水田フル活用ビジョン等を踏まえ、必要に応じて農地中間管理機構とも連携して担い手農家への農地集積、集約化（集団化）を進めることが重要である。

　第二に、麦・大豆等の戦略作物や高品質で高収益が期待される作物の導入、生産拡大を図るためには、水田の有効活用が重要であり、特に排水条件を改良することが必要である。区画整理や暗渠排水を整備して水田の汎用化を進めることにより、麦・大豆等の生産のみならず、高収益が期待される畑作物や花きなどへの転換も可能になり、耕地利用率の向上や農業所得の増加につながることも期待される。

３．提案の効果と実施する際の問題点

　これらの取組により以下の効果が期待される。

- 農業生産の多様化：戦略作物の生産拡大、耕地利用率の向上、高付加価値農業の推進等
- 営農作業の効率化：生産コストの低減、営農労力の節減、担い手への農地集積の進展等

　上記取組の実施に当たっては、農家をはじめ立場の異なる関係者間での合意形成が必要である。このため、農家の意向や将来の営農構想等を踏まえ、生産基盤の整備方法や換地手法、整備費用や負担方法、施設の維持管理等について、十分な話し合いの下に合意形成を図ることが重要である。

この際、水利調整や土地利用調整に役割を果たしてきた土地改良区が畦畔除去等による大区画のほ場整備や土地利用調整に引き続き十分な役割を果たしていくことが期待される。

また、このような取組を通じて、少数の大規模担い手農家が水利用の大宗を占めることになると想定されることから、担い手農家の管理負担軽減のため、地下かんがい方式の導入や開水路のパイプライン化、自動給水栓の設置等により、末端ほ場における施設管理の省力化を図ることが重要である。

なお、地区内には小規模農家や高齢農家等も残ることから、担い手農家とこれらの農家との役割分担、非農家を含めた集落・地域共同による農地・農業水利施設の保全管理についての調整も必要である。

Q12　生産コストの一層の削減を図るため、
　(1)　水田を整備していくうえでの課題
　(2)　解決のための対策としての技術的提案
　(3)　技術的提案がもたらす効果と実施する際の問題点

1．生産コストの削減を目指した水田の整備における課題

水稲の生産コストを縮減するためには、経営規模の拡大や規模拡大等を通じた作業効率の向上が必要である。そのため具体的対策として、これまでも農業機械の導入や機械導入を可能とする生産基盤の整備としてのほ場の大区画化や排水改良等の整備が進められてきた。その結果、30 a区画を基準とすれば、ほ場の整備は一定程度進んだのが現状である。経営規模についても、担い手への農地の集積を促す種々のソフト政策の効果などもあり、着実に進展しているところであるが、国際的なレベルでの競争力確保に向けて、より一層のコスト削減を図るうえで目標とされている、平地で20〜30 ha規模の経営面積を達成するためには、一筆ごとのほ場の整備を進めるだけでなく、集約化の阻害要因となっている以下の課題を克服することが必要である。

　●一層の規模拡大を可能とする経営農地の連担化

　　利用権の設定などにより経営規模の拡大を進めるほど、分散錯ほが生産性

向上の阻害要因として顕在化してくる。さらなる生産性の向上のためには分散錯ほの解消は不可欠である。

● より大規模な機械の導入による作業効率のさらなる向上を可能とするほ場の大区画化

　1 ha の大区画ほ場の整備率は1割に満たず、農業の国際競争力確保の観点から、より一層の生産性向上を図るうえでも、今後とも大区画化を推進する必要がある。

● 作業効率の向上のための用水管理の省力化

● 規模拡大により担い手に集中することとなる末端水路等の維持管理負担の軽減

　経営規模の拡大は、用水管理や末端水路の草刈りなどのほ場レベルの維持管理作業の大規模経営体への集中を引き起こす。草刈り作業等は田植えや刈り取りのような大規模機械化による省力化が期待できないことから、規模拡大の制約要因となる。

2．対策の提案とその効果および問題点

①規模拡大と連担化の推進のための農地中間管理機構の活用

　平成26年度からの新規施策として導入された農地中間管理機構は、担い手への農地の集積を目的として制度化されたものである。この機構は単に貸借のマッチングを行うだけでなく、ほ場整備等によりほ場条件を改善したうえで貸し付けることも可能である。

　一方、この機構は県単位で設置されることとなっているが、「人・農地プラン」も含めて従来の利用集積に係る諸施策は市町村が中心で進められており、機構の業務の実効性を確保するうえで、市町村単位の従来の枠組みや活動との連携・調整等が課題となると考える。

②管理の省力化と管理体制の維持・増進を目指した日本型直接支払制度の活用

　日本型直接支払は、農業の多面的機能の維持・発揮のための地域活動等を支援する制度で、従来の制度を継続・組替・拡充したものである。とりわけ農地維持支払は、担い手に集中する水路等の管理を地域で支えることで、農地の集積を後押しすることを目指したもので、資源向上支払（従来の農地・水保全管理支払）による施設の維持・補修等と相まって、規模拡大を施設管理の面から

支援することとなると考える。

　従来から指摘されていることではあるが、この制度は交付金であるため活動の記録や出納の管理などが必須で、この事務作業が交付を受ける農業者の団体にとっては負担である点が問題である。また従来の農地・水保全管理支払については、経過期間を経て新たな制度への移行が求められることも、計画や協定の見直しなどの事務的負担につながることが懸念される。

Q13　農村社会の変化等を踏まえた農業農村整備において、
　(1) 検討すべき項目
　(2) 技術的課題と解決のための提案
　(3) 提案がもたらす効果と実施する際の留意点

1．農業農村整備の分野で検討すべき項目

　農村は、農業生産と生活が一体として営まれ、食料生産や多面的機能を発揮する空間であり、また相互扶助、共同作業等を通じ地域コミュニティが発達した空間でもあるという特徴を有している。

　近年、我が国の農村は、人口の減少や農家の高齢化・減少、非農家の増大等の変化が生じ、共同体としての集落機能の脆弱化が進んでいる。

　また、農地面積の減少、耕地利用率の低下、耕作放棄地の増大、農業水利施設の老朽化、施設管理の粗放化等も進行しており、自然災害が増加傾向にある中、災害に対する脆弱性の増大も懸念される状況にある。

　平成25年12月に策定された「農林水産業・地域の活力創造プラン」（農林水産省）では、農業を足腰の強い産業としていく政策（産業政策）と、農業・農村の有する多面的機能の維持・発揮を図る政策（地域政策）を車の両輪として推進する方向性が打ち出されている。

　農業生産基盤や農村生活基盤は、これらを展開するうえでの基礎であり、次世代に引き継ぐべき社会資本である。このため、農村社会の変化を踏まえ、農業の収益性向上や競争力強化、多様な担い手の育成・強化を目指した基盤整備、農業水利施設の持続的な保全管理、農村インフラの保全・再編、防災・減災力

の強化、地域資源の保全・活用による地域社会の維持・活性化について検討する必要がある。

2．検討項目の技術的課題と解決へ向けた提案

　上に挙げた項目のうち、収益性の向上と競争力強化、多様な担い手の育成・強化を目指した基盤整備については、低コストで生産性の高い農業の実現に寄与することから、農地の区画整理や畦畔除去等による大区画化、用排分離、排水強化等に取り組む必要がある。

　また地域ごとに策定される人・農地プランや水田フル活用ビジョン等を踏まえ、必要に応じて農地中間管理機構とも連携して、担い手農家への農地集積・集約化（集団化）を進めることが重要である。

　農業水利施設の持続的な保全・管理については、耐用年数を超過する施設の増加等に対して、限られた予算で効率的な対策を進めることが必要であり、施設の定期的な点検・機能診断結果等のデータの蓄積・共有・可視化を進めつつ、長寿命化計画に基づき、施設の所有者・管理者が一体となって長寿命化対策の取組を徹底することが重要である。

　防災・減災力の強化については、近年想定を超える大規模災害が多発していることを踏まえ、リスクの低減を図るため、防災と災害時に被害を減少させる減災とが一体となった総合的な対策を進める必要がある。施設の総点検結果、被災時に周囲に与える影響の大きさ等から優先順位を勘案しつつ、老朽化施設の補修・補強・更新や耐震整備等のハード対策と、ハザードマップの作成、情報伝達体制の構築等のソフト対策を効果的に組合せ、計画的な推進を図る。

3．提案の効果と実施における問題点

　2．に記述した取組により、以下のような効果が期待される。

- 農業生産の多様化：麦・大豆等の戦略作物の生産拡大、高付加価値農業の推進等
- 営農作業の効率化：営農労力の節減、担い手農家への農地集積の進展、生産コストの低減等
- 農地の適正な維持：耕作放棄地の発生防止等
- 施設の適正な保全：維持管理費の節減、維持管理労力の削減、老朽化施設の安全度向上、整備コスト・ライフサイクルコストの低減等

● 災害の防止：二次災害の発生防止等

　これらの取組の実施に当たっては、農家をはじめ立場の異なる関係者間での合意形成が必要である。農家の意向や地域農業の将来構想等を踏まえ、地域の課題解決に必要な生産基盤の整備手法、整備に要する費用や負担方法、施設の管理方法等について、十分な話し合いの下に合意形成を図ることが重要である。

　また、中山間地域等では、規模拡大や大区画化が必ずしも適さないため、特色ある農業の展開や安全性の向上等の作業環境の改善に資するきめ細かな整備と併せ、耕作放棄地対策や鳥獣害対策に取り組むなど、平地から中山間地に至るそれぞれの地域の特性に応じて施策を組み合わせることが必要である。

Q14　農業水利施設の更新事業が増加傾向にある中、
　(1)　更新計画立案に当たって検討すべき課題
　(2)　重要な課題と解決のための技術的提案
　(3)　技術的提案がもたらす効果と実施する際の問題点

1．計画立案に当たって検討すべき課題

　戦後の食料不足を解消するために、昭和30年代以降には全国的に大規模な農業基盤の整備が進められており、これらの投資により整備された施設が順次更新時期を迎え始めた平成の時代に入ると、事業に占める更新事業の割合が増加し、昨今では大半の事業が更新事業であるという状況にある。更新事業は前歴事業の計画時点から見れば半世紀程度の長い期間を経ていることが一般的であり、社会・経済状況や自然条件等の諸条件が異なっていることが考えられることから、その事業計画立案に当たっては、これらの前歴事業との相違点を把握し、適切に事業計画に反映することが必要である。そのために把握・検討すべき課題を以下に列記する。

　● 施設機能の維持・向上
　● 事業および工事実施期間中の現施設の機能確保
　● 事業費コストの縮減
　● 維持管理の軽減

- 作期や作目の変化などに起因する水需要の変化への対応
- 降雨パターンの変化への対応
- 農業の担い手の減少などの農業構造の変化への対応

2．技術的課題と解決のための提案およびその効果と実施する際の問題点

　上に挙げた課題のうち、現施設の機能確保と維持管理の軽減について以下に論じる。

（1）現施設の機能確保

　1）課題の概要

　更新事業が計画される状況では、前歴事業により整備された施設の多くは老朽化等により機能低下をきたしていたり、機能維持のために多大な維持管理費用を要するなど、適切な管理が困難な状態であることは容易に想像できる。一方で、機能低下等をきたしているとはいえ、それらの施設は前歴事業の完成以降の長い年月の中で、地域の農業にとって不可欠な生産基盤となっており、その機能が営農の前提条件となっているともいえる。そのため事業中に実施される施設の補修・改築・更新等の工事の期間中にも、地域の農業にとって必要な施設の機能を確保・提供することが求められている。

　2）提案

　①新たな施設を造成したうえで、現施設を撤去する、②用水事業であれば水需要の多いかんがい期間を避け、排水事業では出水期を避ける工事工程を計画するという対策が考えられる。

　3）効果

　施設の新設・撤去であれば、事業により造成される施設により機能を代替したうえで現施設を撤去することから、機能上の問題は発生しない。また工事工程による配慮の場合、影響を最小化する考え方であるが、計画上は非かんがい期等には施設機能を最大限発揮する必要がない場合も多いことから、実質的には影響を生じない現実的な対応である。

　4）問題点（リスク）

　施設の新設・撤去の場合、新たな用地が必要になるなど、事業費の高騰を招くおそれがある。また工事工程上の配慮の場合、不測の事態による工事の遅延が工程管理に多大な影響を及ぼし、場合によっては事業工期の延伸につながる

リスクがある。

（2）維持管理の軽減

　1）課題の概要

　農業水利施設は、原則として農業者を構成員とする土地改良区により管理され、その費用も農業者の負担によっている。そのため事業費以上に管理に係る負担を軽減することは重要な課題である。

　2）提案

　更新事業を契機として、維持管理の負担軽減を実現するハード・ソフト整備を進めることが有効な解決策となる。具体的な解決策として、地区レベルで見れば、TC／TM等の水管理システムの導入、電気・機械設備における汎用品化、末端レベルで見れば管理用道路等の舗装や末端水路のコンクリート化、地下水位制御システム（FOEAS）の導入といった対策が考えられる。

　3）効果

　水管理システムの導入により、水管理に係わる人員・人件費の削減が可能となる。

　管理用道路等の舗装や末端水路のコンクリート化により除草等の負担軽減が期待できる。

　また地下水位制御システム（FOEAS）の導入は水管理の負担を軽減するとともに、田畑輪換を容易にし、作目の多様化につながる効果も期待できる。

　4）問題点（リスク）

　生産性や作業効率だけを追求した安易な事業計画は、概して環境の保全や環境との調和と相容れない傾向があるが、特に末端水路のコンクリート化は水棲生物のエコロジカルネットワークを分断するおそれがある点で問題である。このような懸念に対しては、小動物の脱出工を設けるなど、環境配慮のための種々の研究成果を反映した対策による対応を検討する必要がある。

> Q15　施設の老朽化や水需要の変化、維持管理費の節減要望等を踏まえて、
> （1）安定的かつ経済的に農業用水を受益地に送配水するため検討すべき
> 　　項目
> （2）重要と考える技術的課題と解決のための技術的提案
> （3）提案がもたらす効果と実施する際の問題点

1．検討すべき項目

　基幹水利施設の整備と通水後長い年月が経過しており、栽培作物や営農形態、農家構造のみならず、気象条件、社会条件等にも大きな変化があると考えられることから、以下のような事項についての検証、検討が必要である。

- ●気象、水文の変化：最新のデータにより降雨量や河川流量等を見直し、計画基準年を検証する。
- ●営農、土地利用の変化：農地面積の変動、栽培作物や栽培方式の変更（作期の変更）等について調査を行う。
- ●用水需要の変化：ブロック別、期別の用水需要量の変化、栽培管理用水等の需要の有無、無効放流等について検証する。
- ●施設状況の変化（老朽化等）：用水利用の変化に合わせた水利システムの変更の必要性、施設の補修・補強・更新等の対策の必要性の検討に加え、近年は豪雨や地震に対する安全性の検証、対策の検討も必要となっている。
- ●農家構造や農家意向の変化：地域営農や水利用に対する農家の意向、法人化など地域の担い手である農家の構造変化について把握する。
- ●維持管理の変化：既存施設の維持管理状況や管理費、維持管理体制、施設管理者の意向を把握し、維持管理費の節減等について検討する。

2．検討項目の技術的課題と解決のための提案

　用水需要の増加については、既存水源の有効活用を図ることにより、極力無効放流が生じないよう用水計画や、送配水施設計画を見直すとともに、用水不足の状況、発生要因を分析し、以下のような方策による対応を検討する。

- ●ダム、ため池等の容量拡大や運用方法の見直し、地区内の未利用・低利用水資源の活用

- 取水施設から水路末端までの水利施設の機能診断を行い、取水・送水・配水管理ロスの節減や、需給ギャップ解消のための調整池の設置
- 地区内での反復利用の強化
- 地域的な需給ギャップがある場合は、用水系統、送配水系統の見直し
- 無効放流を少なくするよう用水計画の見直し
- 農家の意向も確認しつつ、節水型の栽培方法の導入や地域の水利用ルールの変更

　また、施設状況の変化（老朽化）については、定期的な施設の機能診断と機能評価により、適時適切な補修・補強・更新対策を組合せ、既存施設の有効利用と長寿命化、ライフサイクルコストの低減等を図るとともに、耐震性能の診断を行い、必要な耐震補強対策を実施する。なお、これらの情報は蓄積を図り、以降の診断評価に活用することで、施設の機能保全を効率的に進めることが重要である。

　維持管理費の節減については、開水路のパイプライン化や自動給水栓の設置、情報通信技術の活用により管理労力の省力化を図る各種設備の導入を検討する。必要に応じて小水力発電や太陽光発電等の再生可能エネルギー利用による維持管理費の直接的な節減対策を検討することも重要である。

3．提案の効果と実施する際の問題点

　2．で挙げた取組により、以下の効果が期待される。

- 用水の有効利用、水利用の安全度の向上
- 水利系統の合理化、維持管理労力の節減、生産コストの低減
- 水利用の自由度（営農変化への柔軟性）の拡大
- 施設の長寿命化、老朽化施設の安全性向上
- 施設の防災機能の強化（洪水、地震等）

　これらの取組を実施するに当たっては、地域の営農状況、現況の水利用状況等を把握し、農家の意向や地域の開発計画等を踏まえて実現性の高い営農計画を策定することが重要である。営農計画に基づき用水計画や送配水計画の見直しを行う際には、地域の水利慣行や河川管理者等との調整が必要になることについても留意する必要がある。

　また、調査等により把握した用水不足の状況、施設の老朽度合いや維持管理

上の課題、整備に要する費用等を踏まえ、整備水準、整備の優先度を十分に検討して、施設計画、維持管理計画を見直し、関係者の合意形成を図る必要がある。

Q16　農業水利施設の老朽化等が進展する中、
　(1)　農業用水の安定供給や農業水利施設の良好な状態での保全・管理のために検討すべき項目
　(2)　重要と考える技術的課題と解決のための技術的提案
　(3)　技術的提案がもたらす効果と実施する際の問題点

1．検討すべき項目

　我が国において、かんがいや排水のための農業用用排水路は地球10周分に相当する40万km以上、ダム、頭首工、揚排水機場等の点的な基幹施設は約7千か所整備されており、農業水利ストック全体の資産価値は再建設費ベースで32兆円、このうち基幹的水利施設は18兆円に達すると算定されている。

　農業水利施設は、食料の安定供給や多面的機能の発揮に重要な役割を果たしているが、その多くは戦後の食料増産や高度経済成長の時代に急速に整備が進められてきたものであり、毎年約500施設が耐用年数を超過し、基幹的水利施設のうち、すでに耐用年数を超過した施設が約2割、今後10年間では約3割に上ると推計される。農業水利施設の老朽化等による突発事故は年々増加傾向にあり、二次被害も発生している。

　また、農業水利施設は、一般に農家や土地改良区により保全管理が行われているが、施設の老朽化に伴う維持管理費の増大や、農家の高齢化・減少、過疎化・混住化に伴う集落機能の低下により、維持管理体制の脆弱化も進んでいる。

　このような中、農業用水の安定確保や、農業水利施設が良好な状態で保全・管理されるためには、ストックマネジメントによる適時適切な長寿命化対策の推進、地域ぐるみの維持管理体制の強化、施設管理の省力化等について検討する必要がある。

2．検討項目の技術的課題と解決のための提案

　農業水利施設の老朽化については、耐用年数を超過する施設の増加や突発事故の増加等に対して、限られた予算で効率的な保全・管理を行うことが必要である。このため、水利施設の定期的な機能監視・機能診断によって性能低下の状況と要因を把握し、適時適切な補修・補強・更新等の対策を行うストックマネジメントを適切に推進し、施設の長寿命化とライフサイクルコストの低減を図ることが重要である。

　また、維持管理体制の強化については、今後農地集積の加速化により、大規模・少数の担い手が地域の水利用の大宗を占めることを念頭に置いて、管理体制を構築する必要がある。このため、基幹水利施設を管理する土地改良区の管理体制強化や、営農に直結する末端施設について、多面的機能支払交付金（農地・水保全管理支払交付金）を活用した地域共同による農地・農業用水の保全・管理活動の推進が重要である。

　また、施設管理の省力化については、多様化する水需要にきめ細かく対応し、担い手農家の管理負担が少なくなるよう用水管理の省力化を図ることが必要である。末端施設の管理の効率化・省力化の観点から開水路のパイプライン化、自動給水栓の設置、情報通信技術を活用した水利用の効率化を検討する。

　なお、農業用水路等を活用した小水力発電施設の導入も、維持管理費の節減の点で有効な手法である。

3．技術的提案の効果と実施に当たっての問題点

　2．に記述した取組により期待される効果には、以下のようなものがある。

- 用水の有効利用、水利用の安全度の向上
- 維持管理労力の節減、生産コストの低減
- 水利用の自由度（営農の変化への柔軟性）の拡大
- 施設の長寿命化、老朽化に対する安全度の向上
- 施設の防災機能の強化（洪水、地震等）

　なお、取組の実施に当たっては、農家をはじめ、立場の異なる関係者間での合意形成が必要である。農家の意向や地域農業の将来構想等を踏まえ、生産基盤の整備手法や整備に要する費用とその負担方法、施設の管理方法、地域の営農などについて、十分な話し合いの下に合意形成を図ることが重要である。

　基盤整備の手法決定に当たっては、用水不足の状況、施設の老朽化の度合い

や整備に要する事業費等を踏まえ、施設の整備水準、整備の優先度を十分に検討する必要がある。

　また、用水計画や送配水系統の見直しを行う場合は、地元の水利慣行との調整や、河川管理者等との調整が必要になる場合があることについても留意する。

　維持管理体制の強化については、維持管理の現状や問題点を、施設管理者からの聞き取りを通じて十分に把握・分析することが重要である。

> Q17　中山間地域等の条件不利地域における地域の活性化に向け、
>
> 　(1)　農業振興を図るために検討すべき項目
>
> 　(2)　重要と考える技術的課題と解決のための技術的提案
>
> 　(3)　技術的提案がもたらす効果と実施する際の問題点

1.　検討すべき項目

　中山間地域は、国土面積の7割を占め、耕地面積、農家戸数、農業産出額のそれぞれ4割、農家人口の3割を占めるなど、我が国の農業農村において重要な位置にある。また、農林業の生産活動を通じて多面的機能を発揮しており、国民にとっても重要な地域である。

　中山間地域は、傾斜地が多い地形特性から、農業生産条件は平地と比べて不利であり、生産コストも高い。経営規模の拡大や生産基盤の整備を進めることが難しいところも多く、経営規模は比較的小さい。

　また、生活面において、道路の舗装、農業集落排水施設などの整備も遅れており、農家の高齢化・減少、耕作放棄地の増大、鳥獣被害の増加等により、農地・農業水利施設の適切な保全管理も困難な状況にある。

　中山間地域の基幹産業は農林業であり、地域の活性化を図るためには、①農業の振興を通じた就業機会の維持・増大、②生活基盤の整備を通じた定住の促進、③農業農村が有する多面的機能の確保などについて検討を行う必要がある。

2.　検討すべき項目の技術的課題と提案

　①農業の振興を通じた就業機会の維持・増大については、観光業と結びつけた地域特産ブランドの展開、6次産業化等の高付加価値農業の展開等、中山間

地域の特性を活かした農業・農村振興策が必要である。耕作放棄地対策や鳥獣被害対策と併せて、地域の農業振興を妨げている生産基盤の整備を進めるとともに、新規就農者、農業参入企業、NPOなどの多様な担い手やアドバイザーの確保、農家民宿、グリーンツーリズム、道の駅の活用等の都市と農村の交流を推進し、交流人口の拡大や多様な就業・所得機会の確保を図ることが重要である。

　②定住の促進については、整備の遅れている集落道や農業集落排水施設、交流関係施設等の整備を進めるとともに、教育・医療・福祉の分野とも連携して、定住条件の維持・確保に努めることが必要である。

　③多面的機能の確保については、中山間地域等の農業生産条件が不利な地域における農業の生産活動を維持し、多面的機能の確保を図ることを目的に実施されている中山間地域等直接支払いの活用等により、耕作放棄地の解消や水路・農道の管理など、地域による共同の保全管理活動を強化することが重要である。また、有機農業の展開や棚田地域における自然環境、景観保持に配慮した整備なども、多面的機能を発揮させるための方策として考えられる。

　なお、人材の活用の観点からは、高齢者や女性の力を活用した6次産業化や直売所などの取組も地域の活性化を図るため有効な手段である。

　棚田など自然環境豊かな特性を活かして体験交流活動や地場産農産物の加工・販売に取り組んでいる地域もあり、このような事例も参考にして、地域の関係者で合意形成を図りつつ取り組むことが重要である。

3．効果と実施する際の問題点

　2．に記述したような取り組みを通じて、中山間地域における農業の振興や生活環境の改善、就業や所得機会の確保が図られ、定住の促進、地域の活性化につながることが期待される。また、中山間地域が有する国土保全、水源のかん養、良好な景観形成等の多面的機能の確保などの効果が期待される。

　これらの取組を進めるに当たっては、地域の現状から長所や課題を抽出し、地域が目指す将来像を踏まえた改善方向等を検討して、農業の振興、定住の促進、多面的機能の確保を総合的に推進するための基本計画、事業の計画案を策定することが必要である。また、計画内容については、地域の関係者によるワークショップなどにより適宜修正を加え、関係者の役割分担を明確にしつつ、

合意形成を図ることが重要である。

　農業生産基盤、生活基盤の整備については、中山間地域は平地と比較して経営規模の拡大、大区画化等に制約があり、一般的な整備手法では事業費が増大するという問題がある。このため、直営施工も活用しつつ、地元関係者の創意工夫を反映させ、地域の特色ある農業の展開や安全性等作業環境の改善を目指したきめ細かな整備を検討することが必要である。

Q18　東日本大震災等の経験を踏まえ、
　(1) 危機管理の視点に立った農地防災システム確立のために検討すべき項目
　(2) 重要と考える技術的課題と解決のための技術的提案
　(3) 技術的提案がもたらす効果と実施する際の問題点

---

1. 検討すべき項目

　我が国は年間の降雨も多く、近年は集中豪雨の発生回数が増加傾向にあり、洪水による災害も増加している。また、平成23年3月に発生した東日本大震災では、地震や津波により約3万6千か所の農地・農業用施設に損壊が発生し、農業等に多大な影響を及ぼした。

　全国の農業水利施設は、老朽化が進展しており、基幹的な農業水利施設のうち耐用年数を超えているものが全体の2割、10年後には3割に達する見込みである。また、農業者により維持管理が行われてきた農業水利施設の多くは、農家の高齢化や減少に伴う集落機能の低下により、管理の粗放化が進んでおり、地域の防災力も低下してきている。

　近年は、都市化の進展に伴い、鉄道、道路、人家と近接する農業水利施設も増加しており、このような施設が損壊した場合は二次災害発生のおそれもある。

　このような中、東日本大震災の経験を踏まえ、ハードのみでの対応には予算や期間を要するだけでなく、一定の限界があることを理解し、大規模災害の発生リスク低減を図るため、防災と被害を減少させる減災とのハード・ソフト一体となった総合的な対策を実施する必要があり、以下のような項目について

検討する必要がある。

- 想定される災害に対する施設の安全性評価
- 補修、補強、更新などのハード対策
- 施設の管理体制、災害情報伝達体制等を踏まえた減災や災害リスク低減の観点からのソフト対策
- 地域全体の減災の視点からの農地・農業水利施設の評価、活用

2．検討項目の技術的課題と解決するための提案

災害対策の検討には、地域で発生する災害規模の想定を行うことが必要であり、既往の災害実績や近年の自然災害のデータから、対象とする降雨、地震等を想定する。また、同じ規模の災害でも地域の状況や施設の配置状況等により、被害の発生箇所・程度は異なるため、被害の発生しやすい場所や被害を受けやすい施設を特定し、対策を検討することが重要である。

ハード対策については、農業水利施設の総点検や耐震評価を行い、施設の老朽度合や、災害発生時に周辺へ与える影響の大きさなどを踏まえ、優先順位づけを行って計画的に進めることが必要である。その際、老朽化施設の更新・機能向上対策と耐震対策を一体的に実施することを検討する。

また、ハード対策には期間や予算を要するだけでなく、一定の限界があることから、施設の維持管理体制や情報伝達体制の現状と課題を踏まえて、ハザードマップの作成、情報伝達体制の構築、管理体制の強化などのソフト対策についても検討を行う。

なお、流域全体の減災という観点からは、ため池や水田での降雨の一時貯留等の検討を行い、農地・農業用施設が有する防災機能が最大限発揮されるよう、地域の合意を踏まえて必要な整備を行うことも検討する。

3．提案の効果と実施する際の問題点

上記の対応により、以下のような効果が期待される。

- 農地、農業水利施設の災害安全度の向上
- 地域全体の災害安全度の向上
- 農家や地域住民の防災・減災意識の向上
- 災害時の迅速かつ適切な対応の構築
- 農地・農業水利施設の多面的機能への理解の醸成

　対応を実施するに当たっては、現状の課題や対応方向を踏まえて総合的な計画を策定し、緊急性や重要性の観点から優先度に応じて事業を実施することにより、農村の防災・減災力向上を計画的に推進することが重要である。また災害時の避難などのソフト対策については、平時から施設管理者や地域の関係者による定期的な防災訓練を通じて体制を整備するとともに、大規模災害発生時に正確な情報に基づく冷静な対応を行うため、情報共有、避難活動等について関係機関の連携を進めることも重要である。

　なお、地域全体の減災という観点から農地、農業用施設の機能の活用を検討する場合は、農家の理解と地域全体の合意形成が必要である。地域の共通理解の下で、整備費用について都市側も負担を行うなどの検討も必要である。

Q19　地域政策としての農政を推進する観点から、
　(1) 農業・農村の有する多面的機能の維持・増進を図るために検討すべき項目
　(2) 重要と考える技術的課題と解決のための技術的提案
　(3) 技術的提案がもたらす効果と実施する際の問題点

1．検討すべき項目

　農村は、農業生産と生活が一体として営まれ、食料供給や多面的機能を発揮する空間であり、また相互扶助、共同活動等を通じて地域コミュニティの発達した空間であるという特徴を有している。

　近年、我が国の農村は、人口の減少や農家の高齢化・減少、非農家の増大等の変化が生じており、今後、担い手農家と土地持ち非農家への二極化や、施設の維持管理体制の一層の脆弱化が想定される中、農業・農村の有する多面的機能の維持・発揮への影響も懸念されるところである。

　平成25年12月に策定された「農林水産業・地域の活力創造プラン」（農林水産省）では、農業を足腰の強い産業としていく政策（産業政策）と、農業農村が有する多面的機能の維持・発揮を図る政策（地域政策）を車の両輪として推進する方針が打ち出されている。

これらを踏まえ、農業・農村の有する多面的機能を維持・増進させるために
は、農業者と非農業者の役割分担を明確にしつつ地域コミュニティの維持・強
化を図ること、農村に豊富に存在する地域資源について、観光や6次産業化等
と連携しながらさらなる活用を図ること、各地で取り組まれてきた生物多様性
や美しい農村景観を保全する活動を継続し、その活用を図ることなどが必要と
考えられる。

2．検討項目の技術的課題と提案

　1．に挙げた検討項目のうち、地域コミュニティの維持・強化については、
多面的機能支払制度（農地・水保全管理支払制度）等を活用しつつ、担い手に
集中する水路・農道等の維持管理や、これらの質的向上を、地域全体で支える
共同活動によりさらに推進することが重要である。その際、担い手農家だけで
なく、土地持ち非農家などの役割を明確化し、共同活動への参加を促すことも
重要である。

　また、地域資源のさらなる活用については、これまで地域で受け継がれてき
た豊かな資源の活用や新たな需要の発掘・創造を通じて農村の活性化につなげ
る取組が重要である。地域資源の保全活動と連携した地元特産物のブランド化、
高齢者・女性の力を活用した6次産業化、直売所の設置などの取組を推進する
とともに、これらの活動を広域的に展開し、都市と農村の交流の拡大などにつな
げることが考えられる。

　農村地域に豊富に存在するエネルギー資源を活用して、再生可能エネルギー
発電の導入を図り、新たな産業・雇用の創出、休耕田・耕作放棄地の再生など、
地域の活性化につなげていくことも重要である。

　生物多様性や美しい農村景観は、農地・水路等で構築された水のネットワー
クや、地域の歴史・伝統によって育まれ、農家・地域住民による生産活動、維
持管理活動によって保全されてきたものである。このため、これまでの取組を
検証しつつ、環境への配慮や保全活動を一層充実させる必要がある。基盤整備
を行う際の環境配慮計画作成の機会などを捉え、これらの活動が地域づくりの
一環として取り組まれるよう促すことが必要である。

3．取組の効果と課題

　2．で記述した取組を通じて、地域コミュニティの維持・強化が図られること

により、農業の振興や生活環境の改善、就業や所得機会の確保、定住の促進、地域の活性化につながることが期待される。また農業農村が有する生態系保全や良好な景観形成など多面的機能の確保が期待される。

　これらの取組を進めるに当たっては、農家だけでなく、土地持ち非農家や女性、高齢者などが果たす役割を明確化し、地域資源の保全、多面的機能の発揮に係る共同活動や、地域の活性化に向けた取組への参加を呼びかけることが重要である。

　ワークショップなどの手法等も用いて、集落の関係者による話し合いを重ね、生産基盤の整備や担い手への農地集積により持続的な農業を確保しつつ、集落全体の取組として地域の活性化や防災力の強化を図ることが必要である。

　また、活動計画の検討に当たっては、全国の先進的な活動事例などを参考にすることも有効であり、これらの活動を促進するため、技術的手法の充実を図っていくことも重要な課題である。

Q20　農業農村整備事業において環境配慮を進めるうえで、
　(1) 検討すべき項目
　(2) 解決すべき技術的課題と実現可能性の高い対応策
　(3) 対応策の効果（メリット）と実行する際の問題点

１．検討すべき項目

　平成13年の土地改良法の改正において、農業農村整備事業における環境との調和への配慮が規定され、以降、各事業の実施段階で環境配慮が実践されてきたことで、近年は環境との調和への配慮が定着してきた感がある。特に事業計画段階で策定する環境配慮計画では、地域の現況分析から始まり、注目すべき生物種の特定などを経て、環境保全のための具体的な目標を設定し、その実現のための配慮対策をとりまとめることから、計画・設計・施工の段階では相当程度の配慮対策が図られていると言える。

　一方、環境配慮計画には維持管理段階での対策・対応を盛り込むことも行われているものの、事業者以外のさまざまな関係者（具体的には受益者である農

家、当該地域に暮らす地域住民、環境関係の専門家、納税者である都市等の周辺住民）の視点での検討が不十分なことから、事業実施後すなわち維持管理段階で効果の継続が不十分な事例も指摘されている。

このような事業の実施の段階や事業に関係する者の立場の違いといった視点に立ったうえで、検討すべき事項としては次の内容が挙げられる。

- 適切な環境配慮目標の設定
- 維持管理に必要な労力・負担を考慮した施設設計
- 背景情報や管理上のノウハウなどの知識や情報の計画・設計・施工から維持管理段階に向けての共有・伝承

2．技術的課題

上記のうち環境配慮目標について、技術的課題を以下に述べる。

環境配慮目標は環境配慮計画の策定を通じて実施する調査の結果に基づき設定される。地域に生息する貴重な動植物等の保護や地域の歴史的背景を踏まえた農村景観の維持などが目標として設定されることとなる。この場合、設定する目標水準によっては、維持管理段階で過度の人的・経済的負担を管理者に求めることになりかねない。また目標自体が管理者や地域住民に十分理解されないと、環境保全の取り組みへの参画を期待できない事態の発生も予想される。これらの点が環境配慮目標の設定における技術的課題と考える。

3．解決策とその効果およびリスク

環境配慮目標の設定に当たっては、わかりやすい目標の設定となるよう努めることで、管理段階における施設管理者や地域住民などの理解と賛同を得やすくする効果が期待でき、有効な解決策となると考える。一方、わかりやすさを追求するあまりに内容が希薄で不十分な目標とならないようリスク回避に務める必要がある。

また有識者の指導・助言を仰ぎ目標設定を行うことで、専門的見地からの適正水準化を図ることも効果的な対策となると考える。一方、専門分野ごとの多様な視点を最大公約数的に満足する適正水準を見定めるためには、環境配慮と人的・経済的負担との間に存在するトレードオフの関係に適切に対処することが求められ、条件によっては相当な困難が生じる場合もある点がリスクとして挙げられる。

　さらに目標自体が地域住民のメリットにつながるよう配慮することで、維持管理段階でのインセンティブとなることが期待でき、配慮対策の持続に寄与するものと考える。ここでも地域住民のメリットを強く意識するあまり、目標自体の妥当性に影響が及ぶことは避けるようリスクとして認識しておく必要がある。

　Q21　農村における再生可能エネルギー資源の活用について、
　(1)　再生可能エネルギー資源の活用を図るために検討すべき項目
　(2)　検討すべき項目で重要と考える技術的課題2つと解決するための技術的提案
　(3)　技術的提案がもたらす効果と実施する際の問題点

---

1. 検討すべき項目

　太陽光、風力、水力、バイオマス等のエネルギー資源は、永続的な利用が可能であり、発電時や熱利用時に地球温暖化の原因となる二酸化炭素をほとんど排出しないという特徴を有している。

　再生可能エネルギー資源の利用による発電は、水力発電を除くと約1％にとどまっているものの、再生可能エネルギー発電の固定価格買取制度が平成24年7月より開始され、また、東日本大震災による原発事故等に伴い、再生可能エネルギーに対する関心も高まっている。

　国土の大宗を占める農山漁村は、森林資源等のバイオマス、水、土地などの資源が豊富に存在し、再生可能エネルギーの面で高いポテンシャルを有している。このため、平成25年11月に成立した農山漁村再生可能エネルギー法等を踏まえ、再エネ発電を利用して地域の農林漁業の発展を図る取組の推進が重要である。

　平成24年3月に決定された土地改良長期計画においては、約1,000地域で小水力発電等の再生可能エネルギーの導入に向けた計画策定に着手するという成果指標が挙げられ、再生可能エネルギーの活用に積極的に取り組むこととされている。

　再生可能エネルギーの導入を計画する際には、エネルギーを利活用する施設の選定とエネルギー需要量の検討、エネルギー源の選定およびエネルギー賦存量を踏まえた施設規模の決定、環境への影響の検討、維持管理体制の検討等が必要である。

2．検討項目の技術的課題と解決するための提案

　再生可能エネルギーの利用に当たっては、エネルギーを利用する施設を選定し、需要量の算定を行う必要がある。環境問題へ対応するためのクリーンなエネルギーの利用、施設の運営経費節減のためのエネルギーの利用など、利用する目的に適合する対象施設を選定し、対象とするエネルギーの需要量を概算する。

　また、再生可能エネルギーは賦存形態などの特性が全く異なっており、エネルギー利用のための調査・計画の手法、施設・設備の検討内容にもあまり共通点がなく、エネルギーの種類、利用法や施設規模の違いにより適用される法制度・規制も異なることに注意する必要がある。このため、最も経済的かつ維持管理が容易な状態で利用可能なエネルギー源を比較検討により選定し、現地で得られるエネルギーの利用可能量を調査して施設規模を概算する。

　施設を長期にわたって適切に運営するためには維持管理体制の確立も必要不可欠であり、市町村等の事業主体、住民、専門技術者などによる合理的な維持管理体制を確立し、計画的・効率的な維持管理を検討する必要がある。

　なお、風力発電施設を例にとれば、騒音、電波障害の発生や、景観、生態系への影響も指摘されている。このため、エネルギー利用のための施設設置に伴う環境への影響についても十分に検討する必要がある。

3．効果と実施するうえでの問題点

　農地、水、バイオマス等の資源を活用し、農業生産から再生可能エネルギーの利用までの一貫したシステムを構築することにより、資源循環の仕組みが確立され、農山漁村の新たな産業・雇用の創出、所得の増大、休耕田や耕作放棄地の解消など、地域の活性化と農林業の健全な発展が期待される。例えば、発電による売電収益を農業用施設の維持管理費用に充てることで、農家の負担軽減が可能になる。

　エネルギー資源の利用検討に当たっては、バイオマスは安定的なエネルギー

源であるが、広域に存在するため、効率的な収集・運搬体制の確保が必要であることに留意する。また、風力や太陽光などは季節や気象など自然条件による変動があり、農業用水を活用した従属的な発電の場合は、特に非かんがい期における発電に利用可能な水量の確保等の課題がある。このように、必要な時期に必要な量のエネルギーを利用できない可能性もあるため、各々のエネルギーの特性を考慮した利用を行うためには、既存施設との複合利用なども検討することが必要である。

Q22　地球温暖化の進行に伴う農業生産活動への影響の緩和が求められる中で、
(1) 温暖化の進行による環境の変化と農業生産基盤が受ける影響
(2) 影響を回避するうえで効果的な技術的提案
(3) 技術的提案の効果とリスク

1．地球温暖化による環境の変化と農業生産への影響

　地球温暖化が進行し気温が上昇すると、蒸発散量を増加させ、年間降水量の増加を引き起こすほか、通年の降水量の増にとどまらず、年間を通じた降雨パターンの変化や局所的・短期的な集中豪雨の発生頻度の増加を引き起こす。また積雪地域では降雪量の減少と融雪時期の早期化をもたらす。

　水田農業を中心とした我が国の農業は、梅雨時期の集中的な降雨を利用して大量の農業用水を必要とする代かきを行うなど、アジアモンスーン地帯に位置する地理的、気候的条件を活用して発達したうえで、現在ではダム等の水源開発により降雨の時間的・空間的の偏在を人工的に制御することで、さらなる発展を遂げてきた。そのためとりわけ水田農業においては降雨パターンの変化や融雪出水の量と時期の変化は、水源計画の前提条件を変えることとなり、ダム等の施設規模や運用方法に大きな影響を与える。気温の上昇は作物ごとの適地の分布に影響を与える。水稲で言えば、温暖地域における高温障害の頻度の増加や作付け適地の北上などが予想され、高温障害対策としての掛け流しかんがいの要望増は、たちまち取水量や水利権といった水源計画に影響を及ぼす。また

局所的・短期的な豪雨の発生は、既存施設による排水が困難な状況を招き、湛水被害を引き起こすことが懸念される。

2．影響を回避する技術的な提案

高温障害の発生と集中豪雨の増加を重大な課題として以下に対応について述べる。

（1）高温障害への対応

登熟期に猛暑が続くと白濁した未熟粒米が増加し、食味と見た目の両面で米の市場価値を大きく低下させることから、米作農家の経営にとっては大きな問題である。そのため、従来は稲の生育上はそれほど用水を必要としなかった登熟期などの作期の終盤にも必要な用水を確保し、掛け流しかんがい等により対応する。

（2）集中豪雨への対応

集中豪雨の増加に対してここでは、単純に排水施設の能力を増強するのではなく、解決策として田んぼダムを提案する。田んぼダムとは、水田の畦等を利用して降雨を一時的に水田に蓄え、一部は地下浸透を促したうえで、余剰水については降雨後にゆるやかに排水路に流出させるものである。実務的には、大規模な降雨が予想される場合に、通常の水管理の行為を離れ、田んぼダム機能の発揮のために、ほ場ごとの堰板を立てることとなる。

3．技術的提案ごとの効果とリスク

（1）作期終盤の用水確保

新たな水源の開発や確保が最も直接的な解決策となり、効果は大きいが、水利施設への新たな投資が必要となり、経済的なリスクは大きい。河川の流量に余裕がある場合は、水利権の後ろ倒しによる対応も選択肢となり、経済的には有効な対策である反面、適切な水利権上の手続きを怠った場合は違法取水と扱われる大きなリスクを抱えている。

（2）田んぼダム

田んぼダムは排水機場の増設や排水路の拡幅などの新たな設備投資を伴わずに実施可能なことから、公共事業への投資が抑制される傾向にある現下の状況では、実現可能性の高い対策といえる。その効果としては、水田が洪水を一時的に貯留する機能を積極的に活用することで、降雨の水路や河川への流出を緩

和し、出水のピークをカットすることで、現況施設の排水能力を超える降雨流出を抑制することが期待できる。一方、本対策は、個々の農家の水管理の行為を活用したソフト対策であり、実現に当たっては趣旨に賛同して協力してくれる農家を確保することがリスクとして考えられる。また長時間にわたりほ場を満水状態に保つこととなり、湛水や越流による畦の崩壊の発生もリスクとして認識し、適切な管理が必要となる。総じて農家の水管理の負担を増やすことに留意する必要がある。

Q23　農村地域の防災・減災を進めるうえでの、
　(1) ため池を取り巻く現状を踏まえた課題の抽出
　(2) 課題の分析に基づく解決策の提案
　(3) 解決策を遂行するための方策

1．ため池を取り巻く現状と課題

　ため池は全国に約20万か所、平野部から山間部まで広く分布し、農業用水の水源としての機能に加え、ため池を含む周辺地域に二次的自然空間を形成し、生態系の保全、親水機能、良好な景観の形成等の多面的機能を発揮している。このようにため池が場所によっては地域の環境の一部となっているのも、古くからの築造の歴史に起因しており、受益面積2 ha以上のため池約6万か所のうち約7割が江戸時代以前に造られたものとされている。

　そのため、ため池には設計諸元、施工方法、使用材料等の点で情報が著しく不足しているものが多く、土木構造物としての安定性・安全性が担保されていないことが懸念される。

　また農地の改廃による受益の消失や受益農家の減少・高齢化等による管理の担い手不足の進行などから、適切に管理されていないため池が今後益々増加することも懸念されている。

　このようにため池自体の構造上の信頼性に加えて管理の粗放化を背景として、頻発する昨今の地震や豪雨への備えを一層加速して進めることが求められている。

2．対策の提案

防災・減災対策の基本は、ハード対策とソフト対策を適切に組み合わせて、効果的かつ効率的な対策を進めることである。

ハード対策としては、地震や豪雨に対する詳細調査を実施し、必要に応じて適切な対策を順次実施することとなる。

地震に対する耐震調査は、地震発生時にため池が必要な耐震性能を有しているかを、現地調査、地質調査、土質試験、耐震解析により確認・判定する。

豪雨に対する詳細調査としては、豪雨時の流入量に対してため池の安全性を確保するために必要な所定の流量を流下させることができる構造となっているかを、洪水吐の流下能力、堤体高さの余裕高さの計測・解析により確認する。また豪雨に対する堤体自体の安定性についても、漏水の有無やその量、堤体および周辺地山等におけるクラックや断面変形等の有無を現地調査により確認する。

東日本大震災以降、想定外を想定することもリスク管理の基本となっている。上記のハード対策をさらに上回る災害への備えとして、仮にため池が被災しても、人命が失われるなどの重大な災害とならないことを目指すのがソフト対策である。具体的にはハザードマップの作成・公表が不可欠である。これによりため池が被災した際の影響範囲を「見える化」し、関係者の避難行動につなげることで、迅速かつ安全な避難を実現し、重大事故を回避する。

3．対策実施のための方策

先に述べたように全国には膨大な数のため池が存在していることから、上記対策の実施においては対象の優先順位づけが不可欠である。東日本大震災でため池が決壊し人命が失われる事故が発生したことを受けて、全国のため池の一斉点検を実施し、決壊により大きな被害が想定されるため池を「防災重点ため池」に指定する取組も進められたが、平成30年7月豪雨では防災重点ため池でない小規模なため池の決壊が多発した。これは防災重点ため池の指定の考え方が必ずしも統一されていなかったことも一因である。まずは防災重点ため池の指定を見直し、対策実施の対象を再整理することが不可欠である。

ハード対策につながる詳細調査については、フィルダムにおける安全性評価のノウハウを踏まえて各種のマニュアル・手引き類が整備されている。これら

に基づき確実に調査を進め正確な評価を行うことで、十分なハード対策につなげていく必要がある。

　ため池の活用状況、受益の有無、管理者の確保などの観点から、将来にわたりため池を維持・活用していく必要があるのか、また活用していけるのか、という点についても、大胆かつ積極的に検討し、受益者・管理者との議論を通じて、廃止すべきものは積極的に廃止する、という発想も重要である。

　ハザードマップについては、農研機構の研究成果を活用することで高精度なマップを簡便に作成が可能である。このような研究成果の蓄積を利用するとともに、周辺住民に認知されて初めてマップが効果を発揮する、ということを強く意識し、広報活動にも注力すべきである。

あ と が き

　筆者は奥付に記したように40年近く勤務した農林水産省を定年退職した。半年間の私事整理期間を経て、自宅近くの基礎自治体で土木職として任期付きの働き口を得たが、詳細を伏せたのは拙著が世に出るころには契約期間満了の予定ゆえである。この新たな職について多くを語るところではないが、農業土木と都市土木の数えきれないほどの微妙な違いは新鮮な驚きである一方、長年行政に従事した経験は意外にも基礎自治体での勤務にも十分応用できることは楽しい発見だった。

　さて拙著執筆に当たって農林水産省から離れたことがこれほど影響を与えるとは思ってもみなかった。最新の農政や事業制度、各種基準等の情報の多くはWEBサイト上から入手できるのだが、組織内で目に触れ耳にする多様な背景情報や同僚とかわす議論から雑談まで、農林水産省職員であったことがどれほど制度の狙いやそれが求められる背景などを理解するうえで有益だったことか。
　これらの情報や環境から隔絶された条件で執筆した今回の改訂版は、いわば受験者諸氏と公平な立場で執筆されたものである。筆者は3回目の執筆で初めて受験者諸氏の苦労を身に染みて理解した訳である。
　また新たな職場ではまとまった文書を自ら作成する機会がめっきり少なくなった。改訂版として用意した解答案の出来が前著に比べて劣るのは、問題の難易度が上がったからだけではなく、筆者の力不足とこのようなおかれた環境の違いの両方の理由からである。ご購入いただいた方には申し訳ないが、これが実際の技術士試験挑戦から長く離れてしまった筆者の限界である。ご容赦いただきたい。

　今回も日刊工業新聞社の鈴木様には改訂版の執筆のお声がけをいただき、編集・校正作業などでお世話になりました。押し売りのようにして始まった旧制

度下での択一式問題の対策本の出版からずいぶん長期にわたって面倒を見ていただきましたが、自身の限界を痛感した筆者の対策本執筆はこれが最後となるでしょう。本当にありがとうございました。

　令和4年9月

奥 平　　浩

編著者略歴——

奥平　浩（おくだいら　ひろし）

1984年3月　京都大学農学部農業工学科卒業
同年4月　　農林水産省入省
2021年3月　同定年退職
技術士（CPD認定）（農業部門（農業土木、農村環境）、総合技術監理部門、
　　　　　　　建設部門）
APEC Engineer（Civil）
測量士
基本情報技術者
消費生活相談員資格（国家資格）

技術士第二次試験 農業部門「農業農村工学」
選択科目（論文試験）〈傾向と対策〉 第2版　NDC 507.3

2019 年　1 月 25 日　初版 1 刷発行　（定価は、カバーに
2022 年　4 月　8 日　初版 3 刷発行　　表示してあります）
2023 年　2 月 20 日　第 2 版 1 刷発行

Ⓒ 編著者　　奥　　平　　　　浩
　　発行者　　井　水　治　博
　　発行所　　日 刊 工 業 新 聞 社
　　　　　　東京都中央区日本橋小網町 14-1
　　　　　　（郵便番号 103-8548）
　　　電話　書籍編集部　03-5644-7490
　　　　　　販売・管理部　03-5644-7410
　　　　　　FAX　03-5644-7400
　　　　　　振替口座　　00190-2-186076
　　　URL　https://pub.nikkan.co.jp/
　　　e-mail　info@media.nikkan.co.jp

　　印刷・製本　新 日 本 印 刷 株 式 会 社
　　組　　版　メ デ ィ ア ク ロ ス

落丁・乱丁本はお取り替えいたします。　　　2023 Printed in Japan
ISBN 978-4-526-08257-3 C3052